数据库项目教学实践教程
（Access 2010）

◎ 主编 ◎ 田振坤
　　　　　　崔　阳

首都经济贸易大学出版社
Capital University of Economics and Business Press
·北 京·

图书在版编目(CIP)数据

数据库项目教学实践教程:Access 2010/田振坤,崔阳主编.—北京:首都经济贸易大学出版社,2016.10
ISBN 978-7-5638-2578-3

Ⅰ.①数… Ⅱ.①田… ②崔… Ⅲ.①关系数据库系统—教材 Ⅳ.①TP311.138

中国版本图书馆 CIP 数据核字(2016)第 248107 号

数据库项目教学实践教程(Access 2010)
田振坤 崔 阳 主编

责任编辑	浩 南
封面设计	砚祥志远·激光照排 TEL: 010-65976003
出版发行	首都经济贸易大学出版社
地　　址	北京市朝阳区红庙(邮编 100026)
电　　话	(010)65976483　65065761　65071505(传真)
网　　址	http://www.sjmcb.com
E-mail	publish@cueb.edu.cn
经　　销	全国新华书店
照　　排	首都经济贸易大学出版社激光照排服务部
印　　刷	人民日报印刷厂
开　　本	710 毫米×1000 毫米　1/16
字　　数	245 千字
印　　张	12.75
版　　次	2016 年 10 月第 1 版第 1 次印刷
书　　号	ISBN 978-7-5638-2578-3/TP·45
定　　价	28.00 元

图书印装若有质量问题,本社负责调换
版权所有　侵权必究

前 言

项目教学法盛行于欧美国家的高等教育领域,在国内主要应用于高职教育和 MBA 教育领域,也有一些高校教师将项目教学理论应用于各个专业的本科生计算机课程教育,反响较好。由于数据库技术的实用性,我国普通高等院校的非计算机专业也陆续开设了数据库课程。而非计算机专业学生在学习数据库课程的时候,与计算机专业的学生相比,在目的和应用需求上有明显不同。编者给文科类本科生讲授数据库课程多年,近几年开始尝试将项目教学法应用于教学中,组织学生建立学习小组并独立完成一个项目的开发,取得了不错的教学效果。

本书首先介绍了数据库的基础理论,使读者具备基本的知识背景。在此基础之上,将建立一个教学管理数据库系统这个总任务的实现过程贯穿于各个章节之中,并将其分解为不同的子任务。每个子任务包括项目任务描述、项目预备知识、项目实施和项目延伸 4 个环节。学习完预备知识之后,读者即可具备完成本章子任务的技术能力,在项目实施环节,本书把子任务分解为更小的任务以便于实现。本书的设计试图让读者通过轻松完成一个项目活动而掌握和具备开发小型数据库管理系统的知识和能力。本书素材可以从出版社网站下载(http://www.sjmcb.com),也可以与编者联系索取。

本书是基于一个完整项目开展数据库技术教学的教程,全书以建立一个教学管理数据库系统作为总任务,在完成该任务目标的过程中,不断学习知识和分解实现任务,最终达到熟练掌握数据库开发技术的目的。

本书内容基本覆盖全国计算机等级考试二级《Access 数据库程序设计》考试大纲所规定的知识点,可作为考生自学的入门教材。

本书第 1 章至第 5 章以及第 7 章由田振坤编写,第 6 章和第 8 章由崔阳编写,田振坤对全书进行了统稿和审校。

本书的编写得到了北京市教委高等学校教育教学改革项目(2015 - ms138)的资助。

由于作者水平有限,书中难免出现错误之处,敬请广大读者指正。

编者

2016 年 9 月

tzhenkun@163.com

目　录

1　数据库理论基础 …………………………………………………………… 1
 1.1　数据库的基本概念 ………………………………………………… 2
  1.1.1　什么是数据库 ……………………………………………… 2
  1.1.2　什么是数据库管理系统 …………………………………… 2
  1.1.3　什么是数据库系统 ………………………………………… 2
 1.2　数据管理技术的发展 ……………………………………………… 3
  1.2.1　人工管理阶段 ……………………………………………… 3
  1.2.2　文件系统阶段 ……………………………………………… 4
  1.2.3　数据库系统阶段 …………………………………………… 4
 1.3　数据模型 …………………………………………………………… 5
  1.3.1　数据与信息 ………………………………………………… 5
  1.3.2　概念模型 …………………………………………………… 5
  1.3.3　数据库的类型 ……………………………………………… 7
 1.4　关系数据库 ………………………………………………………… 7
  1.4.1　关系模型的基本概念 ……………………………………… 8
  1.4.2　关系模型的主要特点 ……………………………………… 9
  1.4.3　关系模型的表间关系 ……………………………………… 9
  1.4.4　关系模型的完整性约束 …………………………………… 9
 1.5　函数依赖 …………………………………………………………… 10
 1.6　范式与规范化 ……………………………………………………… 10
  1.6.1　什么是范式 ………………………………………………… 10
  1.6.2　第一范式 …………………………………………………… 11
  1.6.3　第二范式 …………………………………………………… 11
  1.6.4　第三范式 …………………………………………………… 12

		1.6.5 BCNF 范式	13
		1.6.6 规范化设计小结	14
	1.7	数据库应用系统的设计过程	14
		1.7.1 系统分析阶段	15
		1.7.2 系统设计阶段	16
		1.7.3 系统实施阶段	20
		1.7.4 系统维护阶段	20

2 子任务：创建数据库 ... 21

- 2.1 项目任务描述 ... 22
- 2.2 项目预备知识 ... 22
  - 2.2.1 Access 2010 系统的功能 ... 22
  - 2.2.2 Access 系统的对象 ... 23
  - 2.2.3 数据库的创建 ... 23
  - 2.2.4 数据库的打开 ... 25
  - 2.2.5 数据库的关闭 ... 26
  - 2.2.6 数据库的压缩与修复 ... 26
  - 2.2.7 数据库属性的查看和编辑 ... 27
- 2.3 项目实施 ... 27
  - 2.3.1 任务1：创建"教学管理"数据库 ... 27
- 2.4 项目延伸 ... 29

3 子任务：创建表 ... 31

- 3.1 项目任务描述 ... 32
- 3.2 项目预备知识 ... 32
  - 3.2.1 表结构 ... 32
  - 3.2.2 字段的数据类型 ... 32
  - 3.2.3 字段常规属性设置 ... 34
  - 3.2.4 字段查阅属性设置 ... 38
  - 3.2.5 表的复制、删除与更名 ... 40
  - 3.2.6 改变数据的显示方式 ... 40
  - 3.2.7 查找与替换 ... 41
  - 3.2.8 数据排序 ... 41
  - 3.2.9 数据的筛选 ... 41
  - 3.2.10 主键与索引 ... 43

    3.2.11 关系 ·· 43
    3.2.12 子表 ·· 44
  3.3 项目实施 ·· 44
    3.3.1 任务1:使用设计视图创建表 ·· 44
    3.3.2 任务2:使用数据表视图创建表 ·· 45
    3.3.3 任务3:通过数据导入创建表 ·· 47
    3.3.4 任务4:为教师表设置主键 ·· 51
    3.3.5 任务5:创建表间关系 ··· 51
  3.4 项目延伸 ·· 53

4 子任务:创建查询 ··· 55
  4.1 项目任务描述 ··· 56
  4.2 项目预备知识 ··· 56
    4.2.1 查询概述 ·· 56
    4.2.2 选择查询 ·· 57
    4.2.3 交叉表查询 ··· 57
    4.2.4 参数查询 ·· 57
    4.2.5 操作查询 ·· 57
    4.2.6 查询条件的设置 ··· 58
    4.2.7 查询中的计算与统计 ·· 60
    4.2.8 SQL 语句之选择查询 ·· 60
    4.2.9 SQL 语句之操作查询 ·· 63
    4.2.10 SQL 语句之创建数据定义查询 ······································· 64
  4.3 项目实施 ·· 65
    4.3.1 任务1:使用向导查询教师基本信息 ··································· 65
    4.3.2 任务2:查询选修两门或以上课程的学生成绩 ························· 67
    4.3.3 任务3:查询无学生选修的课程 ··· 69
    4.3.4 任务4:使用设计视图创建选择查询 ··································· 72
    4.3.5 任务5:使用交叉表查询教师学历的获取时间 ························· 75
    4.3.6 任务6:使用交叉表查询学生的各门成绩 ······························ 78
    4.3.7 任务7:按照姓名查询学生的所有信息 ································· 79
    4.3.8 任务8:使用生成表查询创建新表 ······································ 80
    4.3.9 任务9:使用追加查询向空表追加数据 ································· 81
    4.3.10 任务10:给教师涨工资 ·· 82
    4.3.11 任务11:删除男教师 ··· 83

4.4　项目延伸 ……………………………………………………………… 84

5　子任务:创建窗体 …………………………………………………………… 85
　　5.1　项目任务描述 …………………………………………………………… 86
　　5.2　项目预备知识 …………………………………………………………… 86
　　　　5.2.1　窗体概述 …………………………………………………………… 86
　　　　5.2.2　窗体的类型 ………………………………………………………… 86
　　　　5.2.3　窗体的视图 ………………………………………………………… 87
　　　　5.2.4　窗体的结构 ………………………………………………………… 88
　　　　5.2.5　窗体的属性 ………………………………………………………… 89
　　　　5.2.6　自动创建窗体 ……………………………………………………… 89
　　　　5.2.7　使用向导创建窗体 ………………………………………………… 95
　　　　5.2.8　在窗体设计视图中创建窗体 ……………………………………… 96
　　　　5.2.9　子窗体 ……………………………………………………………… 98
　　　　5.2.10　控件概述 ………………………………………………………… 101
　　　　5.2.11　标签 ……………………………………………………………… 101
　　　　5.2.12　文本框 …………………………………………………………… 102
　　　　5.2.13　命令按钮 ………………………………………………………… 102
　　　　5.2.14　组合框和列表框 ………………………………………………… 103
　　　　5.2.15　图像 ……………………………………………………………… 103
　　　　5.2.16　单选、复选框与选项组 ………………………………………… 104
　　5.3　项目实施 ………………………………………………………………… 104
　　　　5.3.1　任务1:显示学生基本信息 ……………………………………… 104
　　　　5.3.2　任务2:管理学生基本信息 ……………………………………… 106
　　　　5.3.3　任务3:显示学生年龄信息 ……………………………………… 108
　　　　5.3.4　任务4:创建人事档案信息窗体 ………………………………… 111
　　　　5.3.5　任务5:创建教师婚姻信息窗体 ………………………………… 113
　　　　5.3.6　任务6:创建教师相关信息窗体 ………………………………… 116
　　　　5.3.7　任务7:根据姓名查询学生信息 ………………………………… 117
　　5.4　项目延伸 ………………………………………………………………… 124

6　子任务:创建报表 ………………………………………………………… 125
　　6.1　项目任务描述 …………………………………………………………… 126
　　6.2　项目预备知识 …………………………………………………………… 126
　　　　6.2.1　报表概述 ………………………………………………………… 126

6.2.2 报表的分类 …… 126
6.2.3 报表的结构 …… 127
6.2.4 报表的视图 …… 127
6.2.5 使用"报表"按钮创建报表 …… 128
6.2.6 创建空报表 …… 129
6.2.7 使用向导创建报表 …… 129
6.2.8 使用标签向导创建报表 …… 133
6.2.9 在设计视图中创建报表 …… 136
6.2.10 报表的排序与分组 …… 137
6.2.11 子报表 …… 138
6.2.12 报表修饰 …… 138
6.2.13 报表打印 …… 139
6.3 项目实施 …… 140
6.3.1 任务1:使用报表设计视图创建图表报表 …… 140
6.3.2 任务2:使用分组计算平均值 …… 143
6.3.3 任务3:创建主/子报表 …… 145
6.4 项目延伸 …… 147

7 子任务:创建宏 …… 149

7.1 项目任务描述 …… 150
7.2 项目预备知识 …… 150
7.2.1 宏的概述 …… 150
7.2.2 宏的分类 …… 150
7.2.3 常用的宏命令 …… 151
7.2.4 事件 …… 151
7.2.5 宏设计窗口 …… 152
7.2.6 宏的建立与保存 …… 152
7.2.7 宏组的建立 …… 154
7.2.8 嵌入宏 …… 155
7.2.9 宏的运行 …… 157
7.3 项目实施 …… 159
7.3.1 任务1:制作菜单 …… 159
7.3.2 任务2:设计验证密码窗体 …… 162
7.4 项目延伸 …… 164

8 子任务:创建 VBA 程序 …… 165
8.1 项目任务描述 …… 166
8.2 项目预备知识 …… 166
8.2.1 VBA 的概念 …… 166
8.2.2 VBA 的编程环境 …… 166
8.2.3 VBA 的基本语法 …… 167
8.2.4 顺序结构 …… 171
8.2.5 选择结构 …… 173
8.2.6 循环结构 …… 176
8.2.7 模块的概念 …… 180
8.2.8 模块的分类 …… 181
8.2.9 模块的创建 …… 181
8.2.10 过程 …… 181
8.2.11 常用的 Access 对象 …… 183
8.2.12 ADO …… 184
8.2.13 VBA 程序错误调试 …… 185
8.2.14 VBA 程序错误处理 …… 186
8.3 项目实施 …… 187
8.3.1 任务1:求1 000以内任意范围的素数 …… 187
8.3.2 任务2:使用 VBA 代码验证用户登录数据库 …… 189
8.3.3 任务3:用 sub 过程编程计算斐波那契数列的第10项 …… 191
8.3.4 任务4:用 Function 函数过程计算斐波那契数列的任意项 …… 192
8.4 项目延伸 …… 193

1
数据库理论基础

1.1 数据库的基本概念

1.1.1 什么是数据库

简单地说,数据库(Data Base,DB)是结构化数据的集合。严格地讲,数据库是长期储存在计算机内,有组织、可共享的大量数据的集合。数据库中的数据按照一定的数据模型组织、描述和储存,具有较小的冗余度、较强的数据独立性和易扩展性,并可为类用户共享。数据库的基本特点有:冗余小、独立性强、易扩展性和共享性。

1.1.2 什么是数据库管理系统

数据库管理系统(Data Base Management System,DBMS)是位于用户与操作系统之间的一个数据库管理软件。它的功能主要有:

1.1.2.1 数据定义

DBMS 提供了数据描述语言(Data Definition Language,DDL)来定义数据库的结构、数据之间的联系等。

1.1.2.2 数据操纵

DBMS 提供了数据操纵语言(Data Manipulation Language,DML)来完成用户对数据库提出的各种操作要求,实现数据的插入、检索、删除、修改等任务。

1.1.2.3 数据运行管理

DBMS 运行时的核心部分是数据库的运行管理,包括数据库的安全性控制、完整性控制、多用户环境下的并发控制等。

1.1.2.4 数据库维护功能

DBMS 还可以对已经建立好的数据库进行维护,比如,数据字典的自动维护,数据库的备份、恢复等。

1.1.2.5 数据库通信功能

DBMS 可提供与其他软件系统进行通信的功能。

1.1.3 什么是数据库系统

数据库系统(Data Base System,DBS)是指采用了数据库技术的计算机应用系统。它实际上是一个集合体,主要由硬件、软件、数据库和用户 4 部分构成。

1.1.3.1 数据库

数据库是存储在一起的、相互有联系的数据的集合。数据按照数据模型所提供的形式框架存放在数据库中。

1.1.3.2 硬件

硬件是数据库赖以存在的物理设备。运行数据库系统的计算机硬件不仅需要满足运行要求,还需要足够大的内存存放系统软件,需要足够大容量的磁盘等联机存储设备来存储数据库庞大的数据,需要足够的脱机存储介质(磁盘、光盘、磁带等)存放数据库备份,需要较高的通道能力,以提高数据传送速率并实现数据在网络上的共享。

1.1.3.3 软件

数据库系统的软件包括 DBMS、支持 DBMS 的操作系统、与数据库接口的高级语言和编译系统、以 DBMS 为核心的应用开发工具等。

1.1.3.4 用户

数据库系统中存在一组参与分析、设计、管理、维护和使用数据库的人员,他们在数据库系统的开发、维护和应用中起着重要的作用。专门负责建立、使用和维护数据库系统的人员通常被称为数据库管理员(Data Base Administrator,DBA)。

1.2 数据管理技术的发展

数据管理包括数据组织、分类、编码、存储、检索和维护,它是数据处理的中心问题。随着硬件、软件技术及计算机应用范围的发展,数据管理技术的发展经历了 3 个阶段。

1.2.1 人工管理阶段

20 世纪 50 年代中期以前,计算机主要用于科学计算。计算机的软硬件均不完善,硬件方面只有卡片、纸带、磁带等,没有可以直接访问、直接存取的外部存储设备;软件方面还没有操作系统,也没有专门管理数据的软件,数据由程序自行携带,数据与程序不能独立,数据不能长期保存。

在人工管理阶段,程序员在程序中不仅要规定数据的逻辑结构,还要设计其物理结构,包括存储结构、存取方法、输入输出方式等。当数据的物理组织或存储设备改变时,用户程序就必须重新编制。由于数据的组织面向应用,不同的计算程序之间不能共享数据,因此,不同的应用之间存在大量的重复数据。

人工管理的特点如下：
(1)数据不保存。
(2)应用程序管理数据。
(3)数据不共享。
(4)数据不能独立。

1.2.2 文件系统阶段

20世纪50年代中期到20世纪60年代中期，计算机大容量存储设备(如硬盘)的出现推动了软件技术的发展，而操作系统的出现标志着数据管理步入了一个新的阶段。在文件系统阶段，数据以文件为单位存储在外部存储器，且由操作系统统一管理。这一阶段数据管理特点如下：
(1)数据可以长期保存。
(2)由文件系统管理数据。

程序和数据之间由文件系统提供存取方法进行转换，使程序与数据有了一定的独立性，程序员不必过多地考虑处理细节，可以将精力集中于算法。但是文件系统仍然存在共享性差、冗余度大以及独立性不强的缺点。

1.2.3 数据库系统阶段

20世纪60年代后，计算机管理数据的规模越来越大，人们对数据管理技术提出了更高的要求：以数据为中心组织数据，减少数据的冗余，提供了更强的数据共享能力，同时要求程序和数据具有较强的独立性，以降低应用程序研制与维护的费用。数据库技术正是在这样一种应用需求的基础上发展起来的。

在数据库方式下，数据的结构设计成为信息系统的首要问题。数据库是通用化的相关数据集合，它不仅包括数据本身，而且包括数据之间的联系。为了让多种应用程序并发地使用数据库中具有最小冗余的共享数据，必须使数据与程序具有较强的独立性。这样就需要一个软件系统对数据进行专门管理，提供安全性和完整性等方面的统一控制，方便用户以交互命令或程序方式对数据库进行操作。数据库系统管理阶段的主要特点有：

(1)数据结构化。数据结构不是面向单一的应用，而是面向整个组织的数据结构，这是数据库系统与文件系统的本质区别。

(2)共享性高、冗余小、易于扩充。数据库系统从整体的角度看待和描述数据，数据不再面向某个应用而是整个系统。这样就减少了数据冗余，节约了存储空间，减少了存取时间。数据可以被多个用户、多个应用共享使用，避免了数据之间的不相容性和不一致性。

(3)数据独立性高。数据独立性包括物理独立性和逻辑独立性。物理独立性是指用户的应用程序与存储在磁盘上的数据是相互独立的。逻辑独立性是指用户的应用程序与数据库的逻辑结构式是相互独立的。

（4）数据由 DBMS 统一管理和控制。DBMS 提供以下几个方面的数据控制功能：

①数据的安全性保护。

②数据的完整性检查。

③数据的并发控制。

④数据库的恢复。

1.3 数据模型

1.3.1 数据与信息

数据是事物特性的反映和描述。数据不仅包括狭义的数值数据,还包括文字、声音、图形等一切能被计算机接收并处理的符号。数据在空间上的传递称为通信(以信号方式传输),在时间上的传递称为存储(以文件形式存取)。

信息是与数据关系密切的另外一个概念。数据是信息的符号表示(或称为载体);信息则是数据的内涵,是对数据语义的解释;数据必须经过处理,才能成为有意义的信息。

1.3.2 概念模型

计算机无法直接处理现实世界中的具体事物,因此,必须将具体事物转换成计算机能够处理的数据。首先,将现实世界的事物及联系抽象成信息世界的概念模型,然后再抽象成计算机世界的数据模型。这一转换经历了现实世界、信息世界和计算机世界三个不同的阶段。概念模型实际上是现实世界到计算机世界的一个中间层次。

概念模型用于信息世界的建模,是数据库设计人员进行数据库设计的有力工具,也是数据库设计人员和用户之间进行交流的语言,因此,概念模型应该具有较强的语义表达能力,要简单清晰,易于用户理解。

1.3.2.1 概念模型中的基本概念

（1）实体(Entity)。客观存在并可相互区别的事物称为实体。实体可以是具体的人、事、物,也可以是抽象的概念或联系。例如,一个学生、一门课、一辆汽车、一堂课、学生的一次选课等。

(2)属性(Attribute)。实体所具有的某一特性称为属性。一个实体可以由若干个属性来刻画,如一个学生实体有学号、姓名、年龄、性别、班级等方面的属性(001,张三,22,男,计算机2班)。这些属性组合起来表征了一个学生

(3)键(Key)。唯一标识实体的属性或属性集称为键。例如,学生的学号可以作为学生实体的键,但学生的姓名可能会有重名,因此不能作为学生实体的键。

(4)域(Domain)。属性的取值范围称为该属性的域。例如,学号的域为8位整数,姓名的域为字符串集合,性别的域为(男,女)。

(5)实体型(Entity Type)。具有相同属性的实体必然具有共同的特征和性质。用实体名及其属性集合来抽象和刻画同类实体,称为实体型。例如,学生(学号、姓名、年龄、性别、系)就是一个实体型。

(6)实体集(Entity Set)。同型实体的集合称为实体集。例如,所有的学生等。

(7)联系(Relationship)。现实世界中事物内部以及事物之间是有联系的,在信息世界中则反映为实体内部的联系和实体之间的联系。实体内部的联系通常是指组成实体的各属性之间的联系,而实体之间的联系通常是指不同实体集之间的联系。

1.3.2.2 两个实体之间联系的类型

(1)一对一联系(1:1)。对于实体集 A 中的一个实体,实体集 B 至多有1个(也可以没有)实体与之相对应,反之亦然,则称实体集 A 与实体集 B 有一对一的联系,记为1:1。例如,一个班级只有一个班长,一个班长只能管理一个班级。

(2)一对多联系(1:n)。如果对于实体集 A 中的每一个实体,实体集 B 中有 $n(n \geq 0)$ 个实体与之对应;反之,对于实体集 B 中的每一个实体,实体集 A 中至多只有一个实体与之对应,则称实体集 A 与实体集 B 有一对多的联系,记为 1:n。例如,学校的一个系有多名教师,而一个教师只属于一个系。

(3)多对多联系(m:n)。如果对于实体集 A 中的每一个实体,实体集 B 中有 $n(n \geq 0)$ 个实体与之对应;反之,对于实体集 B 中的每一个实体,实体集 A 中也有 $m(m \geq 0)$ 个实体与之对应,则称实体集 A 与实体集 B 具有多对多联系,记为 m:n。例如,一个学生可以选修多门课程,一门课程可以被多名学生选修,则学生与课程之间具有多对多联系。

实际上,一对一联系是一对多联系的特例,而一对多联系又是多对多联系的特例。

1.3.2.3 概念模型的表示方法

实体—联系方法(Entity—Relationship,E—R)是最广泛使用的概念模型设

计方法,该方法用 E—R 图来描述现实世界的概念模型。

E—R 图提供了表示实体、属性和联系的方法。

实体:用矩形表示,矩形框内写明实体名。

属性:用椭圆形表示,并用连线将其与相应的实体连接起来。

联系:用菱形表示,菱形框内写明联系名,并用连线分别与有关实体连接起来,同时在连线旁标上联系的类型($1:1, 1:n$ 或 $m:n$)

图 1-1 是 E—R 图的例子。

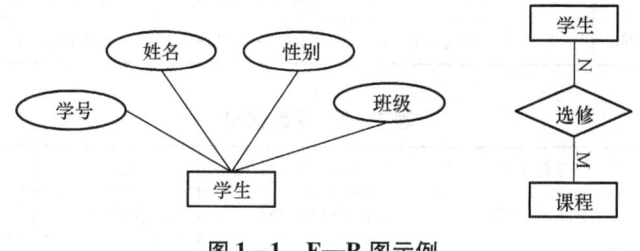

图 1-1 E—R 图示例

1.3.3 数据库的类型

目前,数据库领域常用的数据模型有层次模型、网状模型、关系模型和面向对象模型。

层次模型是最早出现的数据模型,它使用树形结构来表示各类实体以及实体之间的联系。

网状模型则是使用网状模型作为数据的组织方式,是一种比层次模型更具有普遍性的结构。

关系模型是目前最重要的一种数据模型,它使用二维表来表示事物之间的联系,20 世纪 80 年代以来,计算机厂商推出的数据库管理系统几乎都支持关系模型。

面向对象的方法和技术在计算机各个领域的深远影响促进了数据库中面向对象数据模型的研究和发展。许多关系数据库厂商为了支持面向对象模型,对关系模型做了扩展,从而产生了对象关系模型。

数据库的类型是由其所采用的数据模型类型决定的,目前社会上流行的数据库软件产品大多是支持关系模型的数据库管理系统软件。

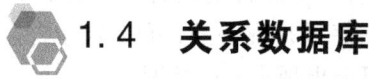

1.4 关系数据库

关系数据库是基于关系模型建立的,数据结构简单,易于操作和管理。例如,在学生管理系统中,学生信息、系部信息分别用表 1-1 和表 1-2 表示。学生信息表是一个关系,系部信息表是另外一个关系。

表 1-1 学生信息

学号	姓名	性别	出生日期	联系电话	家庭住址	学院代码
001	王丽	女	1995-3-8	010-88561122	北京房山区	01
002	张丹	男	1996-8-22	021-39834899	上海市静安区	01
003	温红	女	1992-8-12	020-45636545	天津市南开区	02
004	李德明	男	1993-6-8	010-34647332	北京海淀区	02

表 1-2 系部信息

学院代码	学院名称	联系电话	院长	办公地址
01	工会学院	010-88568555	张智光	办公楼 305
02	经管系	010-88568566	李林	办公楼 415

1.4.1 关系模型的基本概念

1.4.1.1 关系
一个关系就是一个二维表,每个关系都有一个关系名。

1.4.1.2 元组
在二维表中,每一行称为一个元组,对应表中的一条记录。

1.4.1.3 属性
二维表中的一列即为一个属性,又称为字段。

1.4.1.4 域
属性的取值范围称为域。例如,"性别"属性的取值范围仅限于"男"或"女","成绩"属性的取值范围仅限于 0~100 之间。

1.4.1.5 分量
元组中的一个属性值。关系模型要求关系必须是规范化的,最基本的条件就是关系的每一个分量必须是一个不可分的数据项,即不允许表中还有表。

1.4.1.6 关键字
关键字是二维表中若干个属性的组合,它可以唯一标识一个元组。例如,在学生表中,每个学生的序号是唯一的,可以作为学生表的关键字。姓名不能够作为关键字,因为有可能出现重名的情况。

1.4.1.7 主键
当一个表中存在多个关键字的时候,可以指定一个作为主关键字,而其他关键字作为候选关键字。主关键字称为主键。

1.4.1.8 外部关键字

如果一个关系中的属性或者属性组并非该关系的关键字,但它是另外一个关系的关键字,则称其为该关系的外关键字。外关键字也称为外键。

1.4.1.9 主属性

包含在任一候选关键字中的属性称为主属性。

1.4.2 关系模型的主要特点

关系是一个二维表,但并不是所有的二维表都是关系。关系具有以下性质:

(1)每一个分量(数据项)都必须是不可分的数据项。
(2)每一属性(字段)的分量(数据项)属性相同,且属性的顺序是任意的。
(3)每一元组(记录)是由多个属性构成的,且元组的顺序是任意的。
(4)不允许有相同的属性名(字段),也不允许有相同的元组(记录)。

1.4.3 关系模型的表间关系

在关系数据库中,可以通过外部关键字(公共字段)实现表与表之间的联系,公共字段是一个表的主键和另一个表的外键。例如,学生表和系部信息表都包含"学院代码"属性,通过公共字段就可以建立两张表之间的联系,这个联系是一对多的联系。例如,查询"工会学院"下有哪些学生,可先从系部信息表中查出"工会学院"的"学院代码"是01,再根据"学院代码"01在学生表中查出对应的学生有王丽和张丹。

关系数据库中不同的表描述不同的主题信息,但是可以通过外键建立表与表之间的联系。

1.4.4 关系模型的完整性约束

关系模型的完整性约束包括实体完整性、参照完整性和用户定义完整性。其中,实体完整性和参照完整性统称为关系完整性规则,是对关系主键和外键的约束条件。

1.4.4.1 实体完整性

实体完整性规则:若属性 A 是基本关系 R 的主属性,则属性 A 不能取空值。

例如,有"学生"关系:学生(学号,姓名,性别,出生日期,班级)其中,"学号"是主关键字,因此不能为空值,也不能有重复值。

1.4.4.2 参照完整性

参照完整性规则:若属性(或属性组)F 是基本关系 R 的外键,它与关系 S

的主关键字 K 相对应,则对于关系 R 中每个元组在 F 上的值必须为:或者取空值(F 的每个属性值均为空值),或者等于 S 中某个元组的主关键字的值。

例如,学生表中"学院代码"字段的取值约束为:或者为空,或者为系部信息表中"学院代码"字段中的值。

1.4.4.3 用户定义的完整性

实体完整性和参照完整性是关系数据模型必须要满足的,而用户定义的完整性是与应用密切相关的数据完整性的约束,不是关系数据模型本身所要求的。它的作用就是要保证数据库中数据的正确性。例如,限定属性的取值范围,学生成绩的取值必须在 0~100 之间。

1.5 函数依赖

函数依赖是属性之间的一种联系。如果一个关系模式设计得不好,说明在它的某些属性之间存在"不良"的函数依赖。

假设在关系 R 中,X 和 Y 为 R 的两个属性子集,如果每个 X 值只有一个 Y 值与之对应,则称属性 Y 函数依赖于属性 X;或称属性 X 唯一确定属性 Y,记作 $X \rightarrow Y$。

如果 $X \rightarrow Y$,同时 Y 不包含于 X,则称 $X \rightarrow Y$ 是非平凡的函数依赖。若不特别声明,我们总是讨论非平凡的函数依赖。

函数依赖是最基本的、也是最重要的一种数据依赖。要从属性间实际存在的语义来确定它们之间的函数依赖。

假设在关系 R 中,X 和 Y 为 R 的两个属性子集,若 $X \rightarrow Y$,且对于 X 的任何一个真子集 X',都不存在 $X' \rightarrow Y$,则称 Y 完全函数依赖于 X,否则称 Y 部分函数依赖于 X。

设在关系 R 中,X,Y,Z 为 R 的三个属性子集,若 $X \rightarrow Y,Y \rightarrow Z$,且 X 不依赖于 Y,则称 Z 传递函数依赖于 X。

1.6 范式与规范化

1.6.1 什么是范式

规范化的基本思想是消除关系模式中的数据冗余,消除数据依赖中不合适的部分,解决数据插入、更新、删除时发生的异常现象。这就要求关系数据库设计出来的关系模式要满足规范的模式,即"范式"(Normal Form,NF)。

1.6.2 第一范式

第一范式(1NF)是最基本的规范形式,即在关系中每个属性都是不可再分的简单项。

例如,表1-3中,"收入"不是最基本的数据项,它还可以分为"基本工资"和"课时津贴"两个数据项,因此它不满足第一范式。

表1-3 教工信息表

教工编号	姓名	收入	
		基本工资	课时津贴
01001	张力	2 200	3 500
01002	吴志刚	2 400	4 000

只要将不满足第一范式的属性分解,表示为不可再分的数据项,即满足第一范式。转换后如表1-4所示。

表1-4 教工信息表(修改后)

教工编号	姓名	基本工资	课时津贴
01001	张力	2 200	3 500
01002	吴志刚	2 400	4 000

1.6.3 第二范式

如果关系模式满足第一范式,并且每个非主属性都完全依赖于任意一个候选关键字,则称这个关系满足第二范式(2NF)。

例如,学生选课表结构见表1-5。

表1-5 学生选课表

学号	课程编号	课程名称	成绩	学分
13001	C1	计算机基础	80	2
13002	C1	计算机基础	85	2
15005	C2	数据库	75	4

表1-5的主键是(学号,课程编号),由此复合字段唯一确定一条记录。表

1-5满足第一范式,但是还存在一些问题。比如"课程名称"和"学分"这两个非主属性并不完全依赖于主关键字,而是完全依赖于主关键字中的"课程编号"字段。即存在非主属性部分依赖于主关键字的情况,所以不满足第二范式。由此可能产生一些问题,比如,有100个学生选修"计算机基础"这门课程,学分就被重复记录了100次;再如,如果调整了"计算机基础"这门课程的学分,则所有记录的"学分"字段都要更新,等等。

解决的方法是将关系模式进一步分解,分解成两个关系模式:学生选课(学号,课程编号,成绩),如表1-6所示;课程(课程编号,课程名称,学分),如表1-7所示。

表1-6 选课表

学号	课程编号	成绩
13001	C1	80
13002	C1	85
15005	C2	75

表1-7 课程表

课程编号	课程名称	学分
C1	计算机基础	2
C2	数据库	4

这样就符合第二范式的要求了。

1.6.4 第三范式

在第二范式的基础上,如果关系模式中的所有非主属性对任何候选关键字都不存在传递依赖,则称这个关系属于第三范式(3NF)。

例如,教师情况如表1-8所示。

表1-8 教师情况表

教工编号	姓名	院系编号	院系名称	院系地址
01001	张力	01	基础部	办公楼4层
01002	吴志刚	01	基础部	办公楼4层
01003	吴丽	02	文传学院	办公楼3层

在表1-8中,"教工编号"是关键字,单个关键字不存在部分依赖的问题,因此它满足第二范式。但是在表1-8中,"院系名称"和"院系地址"多次被重

复存储,不仅有数据冗余的问题,也有插入、修改和删除时的异常问题。这些问题是由于"院系名称"和"院系地址"依赖于"院系编号",而"院系编号"又依赖于"教工编号",因此存在传递依赖的问题。

要使关系模式符合第三范式的要求,必须消除传递依赖。可将其分解为两个关系:教师(教工编号,姓名,院系编号)和院系(院系编号,院系名称,院系地址),如表1-9和表1-10所示。

表1-9 教师表

教工编号	姓名	院系编号
01001	张力	01
01002	吴志刚	01
01003	吴丽	02

表1-10 院系表

院系编号	院系名称	院系地址
01	基础部	办公楼4层
02	文传学院	办公楼3层

1.6.5　Boyce-Codd 范式

Boyce-Codd 范式(BCNF)是第三范式的改进形式。如果关系模式的所有属性(包括主属性和非主属性)都不传递依赖于关系模式的任何候选关键字,则称这个关系属于 BCNF 范式。

例如,学生选课表见表1-11。

表1-11 学生选课表

学号	姓名	课程名称	成绩
13001	李磊	计算机基础	80
13002	张丽丽	计算机基础	85
15005	王家和	数据库	75

在表1-11中,假设"姓名"没有重复值,因此有两个候选关键字:(学号,课程名称)和(姓名,课程名称)。其中,主属性是"学号"、"姓名"和"课程名称",非主属性是"成绩"。非主属性并不传递依赖于两个候选关键字,因此,该关系模式满足第三范式。但是,主属性"姓名"依赖于"学号",因此部分依赖于候选关键字(学号,课程名称),也就是传递依赖于关键字(学号,课程名称)。

虽然没有非主属性对候选关键字的传递依赖，但存在主属性对候选关键字的传递依赖，同样也会带来麻烦。例如，新生入学，因为没有选课，"姓名"就不能加入到表 1 – 11 中。解决办法是将其分解为两个关系，见表 1 – 12 和表 1 – 13，这样两个关系都属于 BCNF 范式。

表 1 – 12　学生表

学号	姓名
13001	李磊
13002	张丽丽
15005	王家和

表 1 – 13　成绩表

学号	课程名称	成绩
13001	计算机基础	80
13002	计算机基础	85
15005	数据库	75

1.6.6　规范化设计小结

规范化的目的是将结构复杂的关系模式分解成结构简单的关系模式，从而把不好的关系模式转变为好的关系模式。范式的等级越高，应满足的约束条件也越严格。每一级别都依赖于它的前一级别。例如，若一个关系模式满足第二范示，则一定满足第一范示。

一般来说，将不好的关系模式转化为好的关系模式的方法是将关系模式分解成两个或两个以上的关系模式。在数据库设计过程中，第一范示很容易遵守，大部分的关系模式设计能够满足第三范示就比较容易维护了。

规范化的优点是减少了数据冗余，节约了存储空间，同时加快了增、删、改的速度，但在数据查询方面，往往需要进行关系模式之间的联接操作，过高的数据分离有时候会影响查询的速度。因此，并不一定要求全部模式都达到 BCNF 范示，有时故意保留部分冗余可能更方便进行数据查询。

1.7　数据库应用系统的设计过程

数据库设计是指对一个给定的环境，构造优化的数据库逻辑模式和物理结构,并以此建立数据库及管理信息系统,进行有效存储和管理数据,满足用户的应用需求。按照规范设计的方法,考虑数据库及其应用系统开发过程,可将数据库应用系统的设计分为以下 4 个阶段:

(1)系统分析阶段。
(2)系统设计阶段。
(3)系统实施阶段。
(4)系统维护阶段。

1.7.1 系统分析阶段

1.7.1.1 了解需求

简单地说,需求分析就是分析用户的要求。需求分析是设计数据库的起点,其结果是否准确直接影响后面各个阶段的设计。

在数据库应用系统开发的需求分析阶段,要完成的任务是:通过详细调查现实世界要处理的对象(企业、部门等),充分了解原来系统的工作情况,明确用户的各种需求,然后在此基础上确定新系统的功能。最终需求的确定不是一件简单的事情,因为一方面用户可能不太了解计算机能够为自己做什么,或者不能准确表达出自己的实际需求;另一方面,设计人员缺乏相关专业知识,不能准确理解用户的需求,甚至误解用户的需求。因此,开发人员需要与用户不断深入地反复交流才能逐步确定用户的实际需求。

例如,某高校有工会学院、法学系、公共管理系、文传学院等下属院系,教职工 800 多人,在校本科生 4 000 多人。该校的主要教学管理工作有:

(1)制订教学计划,安排课程开设计划等。
(2)学生基本信息管理。
(3)教师基本信息管理。
(4)学生成绩查询与统计。
(5)教师授课情况查询与统计。

手工完成教学管理工作的劳动量非常大,为了实现教学工作管理信息化,该校拟开发教学管理信息系统。

1.7.1.2 可行性研究

可行性主要是指建立新的管理信息系统的必要性和可行性。可行性主要包括经济可行性、技术可行性和社会可行性。

(1)经济可行性是做投资估算,对开发所需要的软件、硬件、人力成本等投入和带来的经济效益产出进行估算。
(2)技术可行性是确定根据现有的技术条件是否可以顺利完成开发工作。
(3)社会可行性是对系统投入使用后带来的社会影响进行分析。

开发人员对某学院的教学管理工作进行了详细的调查后认为,教学管理是一个教学单位不可缺少的部分,并且教学管理的水平和质量对教育过程的影响至关重要。但传统的手工管理方式效率低,时间一长,会产生大量的文件和数据,这对查找、更新和维护工作都带来了不少的困难。使用计算机进行教学管理,优点是检索迅速、查找方便、可靠性高、存储量大、保密性好等,大大提高了教学管理工作的效率和质量。因此,开发"教学管理系统"是必要的,同时,从经济、技术、社会三个方面分析也是可行的。

1.7.1.3 提出总需求目标

经过需求分析和可行性研究,确定了教学管理信息系统的开发目标是:由教学管理工作人员使用,可完成学生信息管理、教师信息管理、课程信息管理、成绩信息管理等功能的小型数据库管理信息系统。

1.7.2 系统设计阶段

1.7.2.1 功能模块设计

根据上述对教学管理业务流程和数据流程的调查分析,可将系统划分为如图1-2所示的功能模块结构。

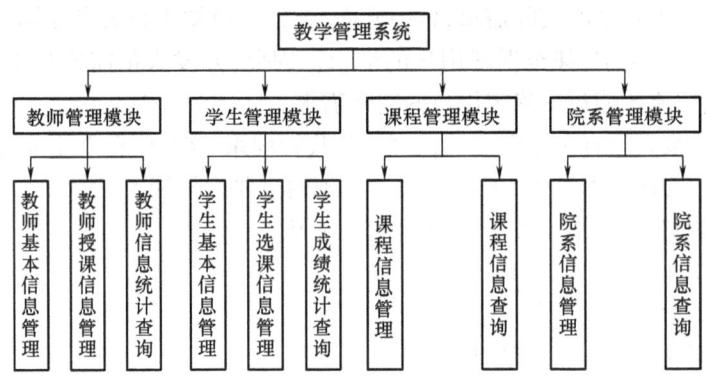

图1-2 系统功能设计图

(1)教师管理模块。对教师的基本信息进行管理;对教师的授课信息进行管理;对教师工作量和工作成绩进行计算和评估;具备信息查询功能。

(2)学生管理模块。对学生的基本信息进行管理;对学生选课信息进行管理;对学生成绩进行登记、统计管理;具备查询功能。

(3)课程管理模块。对全校所开课程的类别设置、学分设置、学时设置、其他等设置进行管理。

1.7.2.2 数据库设计

(1)确定实体和属性。为了利用计算机完成这些繁杂的教学管理任务,必须存储院系、教师、学生、课程、成绩等大量信息,因此,教学管理系统中的实体应包括:院系、教师、人事档案、课程、学生。

这些实体的 E-R 图如图 1-3 至图 1-7 所示。

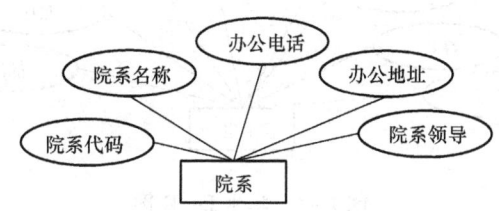

图 1-3 院系 E—R 图

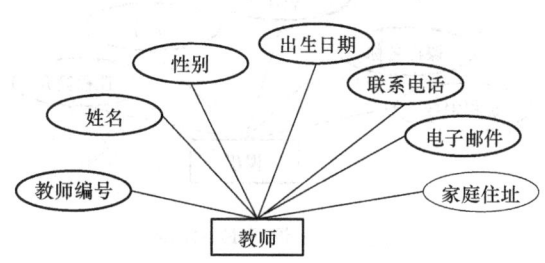

图 1-4 教师 E—R 图

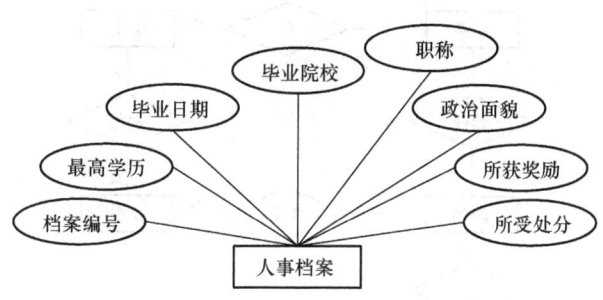

图 1-5 人事档案 E—R 图

(2)确定实体间的联系类型。每个院系都有不同的教师和学生,而教师和学生只能隶属于某一个院系。因此,院系与教师、院系与学生是一对多联系。

每个教师都可以教授多门课程,教师与课程是一对多联系。

每个教师都有唯一的一份人事档案记录,教师与人事档案是一对一联系。

每个学生都可以选修多门课程,每门课程也可以对多个学生选修,学生与课程是多对多联系。

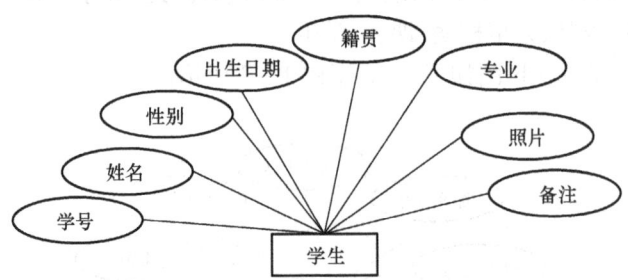

图 1-6 学生 E—R 图

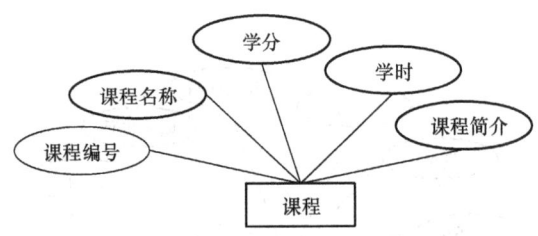

图 1-7 课程 E—R 图

上述联系类型可用图 1-8 表示。

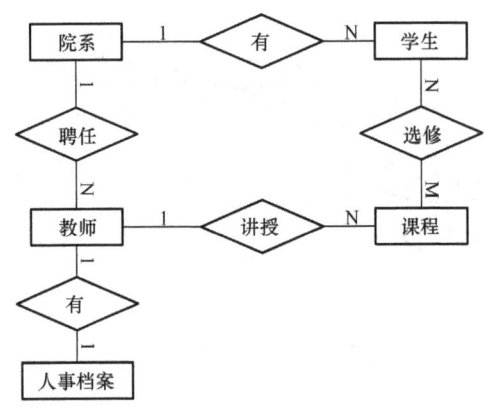

图 1-8 实体间关系 E—R 图

(3)转换为关系模式。将用 E—R 图表示的概念模型转换为关系模型时，要遵循以下原则：

①一对一联系中，将其中一个"一"端的主键作为外键放在另外一个"一"

端中。

例如，实体"教师"与"人事档案"是一对一联系，教师编号是实体"教师"的主键，转换成的关系模式为：

教师(<u>教师编号</u>,姓名,性别,出生日期,联系电话,电子邮件,家庭住址)

人事档案(<u>档案编号</u>,教师编号,最高学历,毕业日期,毕业院校,职称,政治面貌,所获奖励,所受处分)

说明：关系的主键用下划线标出。

②一对多联系中，将"一"端的主键作为外键放在"多"端中。

例如，实体"院系"与"教师"，实体"院系"与"学生"，实体"教师"与"课程"是一对多联系，将实体"院系"的主键"院系编号"作为外键放入"教师""学生"中，将"教师"的主键"教师编号"作为外键放入"课程"中，转换成的关系模式为：

院系(<u>院系代码</u>,院系名称,办公电话,办公地址,院系领导)

教师(<u>教师编号</u>,姓名,性别,出生日期,联系电话,电子邮件,家庭住址,院系编号)

学生(<u>学号</u>,姓名,性别,出生日期,籍贯,专业,照片,备注,院系编号)

课程(<u>课程编号</u>,课程名称,学分,学时,课程简介,授课教师编号)

③多对多联系中，除了将两个"多"端的实体转换为关系之外，还要将联系本身转换成一个关系模式，它的主键由两个"多"端的主键组合而成。

例如，实体"学生"与"课程"是多对多"选修"联系，将联系"选修"单独转换为一个关系，其主键为"学生"与"课程"主键的组合。转换成的关系模式为：

学生(<u>学号</u>,姓名,性别,出生日期,籍贯,专业,照片,备注,院系编号)

课程(<u>课程编号</u>,课程名称,学分,学时,课程简介,授课教师编号)

选修(<u>学号,课程编号</u>,选修学期,成绩,备注)

经过以上转换过程，最终形成的关系模式为：

院系(<u>院系代码</u>,院系名称,办公电话,办公地址,院系领导)

教师(<u>教师编号</u>,姓名,性别,出生日期,联系电话,电子邮件,家庭住址,院系编号)

人事档案(<u>档案编号</u>,教师编号,最高学历,毕业日期,毕业院校,职称,政治面貌,所获奖励,所受处分)

学生(<u>学号</u>,姓名,性别,出生日期,籍贯,专业,照片,备注,院系编号)

课程(<u>课程编号</u>,课程名称,学分,学时,课程简介,授课教师编号)

选修(<u>学号,课程编号</u>,选修学期,成绩,备注)

(4)规范化理论应用。对转换后的关系模式，应按照数据库规范化设计原则检验其好坏。经检验，转换后的关系模式符合数据库规范化设计原则。

1.7.3 系统实施阶段

系统的实施包括两项重要的工作,一项是数据的入库,另一项是应用系统模块的开发和调试。

在应用系统模块的开发过程中,采用"自顶向下"的设计思路和步骤来开发系统,把整个大的应用系统划分成若干个相对独立的小系统,通过系统菜单或控制面板逐级控制低一层的模块,确保每个模块完成一个独立的任务,并受控于上层模块。

1.7.4 系统维护阶段

维护阶段的任务是修正数据库应用系统的缺陷,增加新的性能。虽然应用系统已经开始运行,但是由于工作环境和实际需求的不断变化,还需要对数据库应用系统进行评价、调整、修改等维护工作,这是一个长期的任务,也是设计工作的继续和提高。

思考题

1. 数据库常用的数据模型有哪些?
2. 实体间的联系有哪些类型?
3. 数据库系统由哪些部分构成?
4. 数据管理经历了哪些阶段?
5. 数据与信息的关系及区别是什么?
6. 关系模型有哪些特征?
7. 什么是参照完整性?
8. 什么是函数依赖?
9. 实体间的联系有哪些类型?
10. 什么是范式?
11. 简述第一范式、第二范式和第三范式的定义。
12. 简述数据库应用系统的设计过程。
13. 如何进行数据库结构设计?
14. E—R 图如何转换为关系模式?

2

子任务：创建数据库

2.1 项目任务描述

本章任务:建立一个空的"教学管理"数据库,后续的全部任务将在此数据库中完成。

 ## 2.2 项目预备知识

2.2.1 Access 2010 系统的功能

Access 2010 是 Microsoft Office 2010 套件中的一个重要组件,是一种中小型的关系数据库管理系统。Access 具有与 Word、Excel 等软件类似的操作界面和使用环境在很多地方得到了广泛的应用。Access 2010 的主要功能有:

2.2.1.1 完善的数据库管理

Access 2010 能够管理各种数据库对象,处理数据功能强大,是中小型数据库应用系统的首选软件。

2.2.1.2 良好的兼容性

Access 2010 能访问 Access 的早期版本,还可以访问其他多种数据库格式,如 Paradox 等,支持 ODBC 标准的 SQL 数据库的数据,为数据库之间数据共享提供了方便。

2.2.1.3 所见即所得的界面

与以前的版本相比,Access 2010"所见即所得"设计环境更易操作。

2.2.1.4 完善的帮助和向导

Access 2010 提供的帮助信息方便用户在遇到困难时可以随时得到帮助。

2.2.1.5 强大的数据转换功能

Access 2010 一如既往地提供各种版本之间的文件转换功能。

2.2.1.6 面向对象的开发环境

Access 2010 提供了编程工具 VBA,可以开发面向对象的数据库应用程序。

2.2.1.7 强大的网络数据库功能

Access 2010 提供了网络数据库功能,支持与 SharePoint 网站的数据库共享,使用 Access 2010 可以很方便地将数据发布到 Web 上,实现数据共享。

2.2.2 Access 系统的对象

Access 2010 系统的对象有：

2.2.2.1 表
表是数据库用来存储数据的对象，它是整个数据库系统的数据源，也是其他数据库对象的基础。

2.2.2.2 查询
查询是数据库中应用最多的数据库对象，它是以表为基础数据源的"虚表"。查询通常通过设置查询条件，从一个表、多个表或者其他查询中选取全部或者部分数据，以二维表的形式显示数据。查询仅记录该查询的操作方式，并不保存查询结果数据，每进行一次查询，只是根据该查询的操作方式动态生成查询结果。

2.2.2.3 窗体
窗体是人机交互的界面，为数据编辑、控制数据库应用系统流程、接受用户信息等提供接口。在 Access 2010 中，有多种类型的窗体，例如，单窗体、数据表窗体、分割窗体、多项目窗体等。

2.2.2.4 报表
报表是数据库中数据输出的另外一种形式。它可以将数据库中的数据进行分析处理并输出，还可以对要输出的数据进行分类统计、分组汇总等操作。

2.2.2.5 宏
宏是一个或者多个宏操作命令组成的集合，主要功能是让程序自动执行相关的操作。宏与内置函数一样，可以为数据库应用程序的设计提供各种基本功能。

2.2.2.6 模块
模块是由 VBA 程序设计语言编写的程序集合。它通过嵌入在 Access 2010 中的 VBA 程序设计语言编辑器和编译器，实现与 Access 2010 的完美结合。

2.2.3 数据库的创建

创建数据库有两种方法：利用模板创建数据库和创建空数据库。

模板是为了方便用户建立数据库而设计的一系列模板类型的软件程序，通过它可以大大方便初学创建数据库及数据库对象的用户。

【例 2-1】利用模板创建一个"罗斯文"数据库。

操作步骤如下：

(1) 选择"文件"选项卡，执行"新建"命令，打开"新建"窗格，单击"样本模板"按钮，选择"罗斯文"模板，如图 2-1 所示。

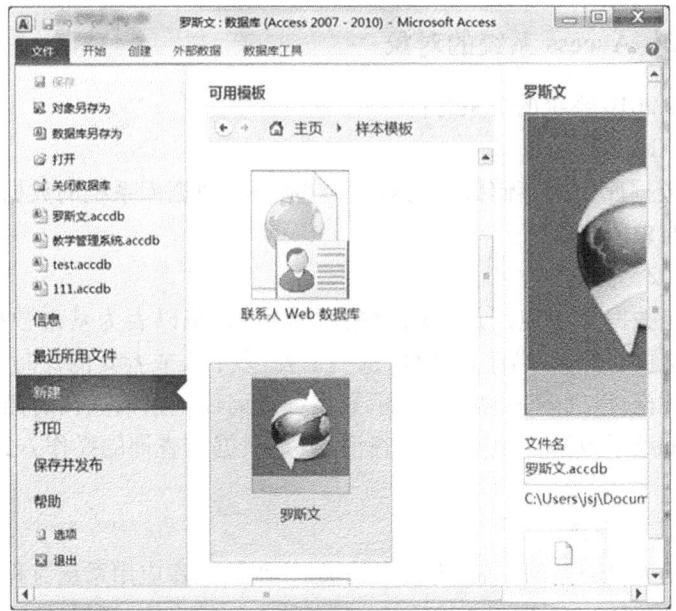

图 2-1　新建罗斯文数据库

（2）单击"创建"按钮，系统将自动完成数据库的创建。按照提示界面进行操作，出现如图 2-2 所示的界面。

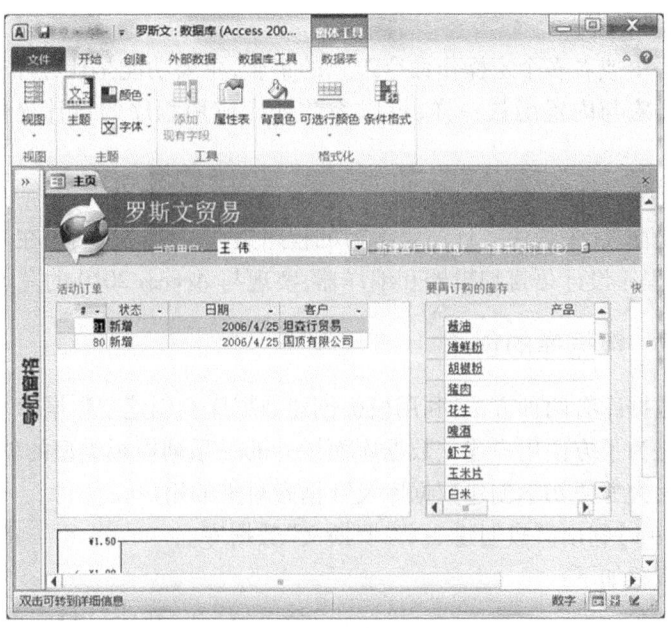

图 2-2　罗斯文数据库

(3)打开数据库对象后可以看到,在"罗斯文"数据库中,系统自动创建了表、查询、窗体、报表等对象,用户可以根据自己的需要在表中输入数据。

利用模板创建的数据库如果不能满足用户需求,可以在数据库创建完成后进行修改。

2.2.4 数据库的打开

根据是否启动了 Access 2010,有两种方法可以打开数据库。

(1)没有启动 Access 2010。

找到数据库文件的保存位置,直接双击即可打开。

(2)启动了 Access 2010。

选择"文件"选项卡,执行"打开"命令,打开"打开"对话框,如图 2-3 所示。在"打开"对话框中,选择数据库文件后单击"打开"按钮,数据库文件将被打开。

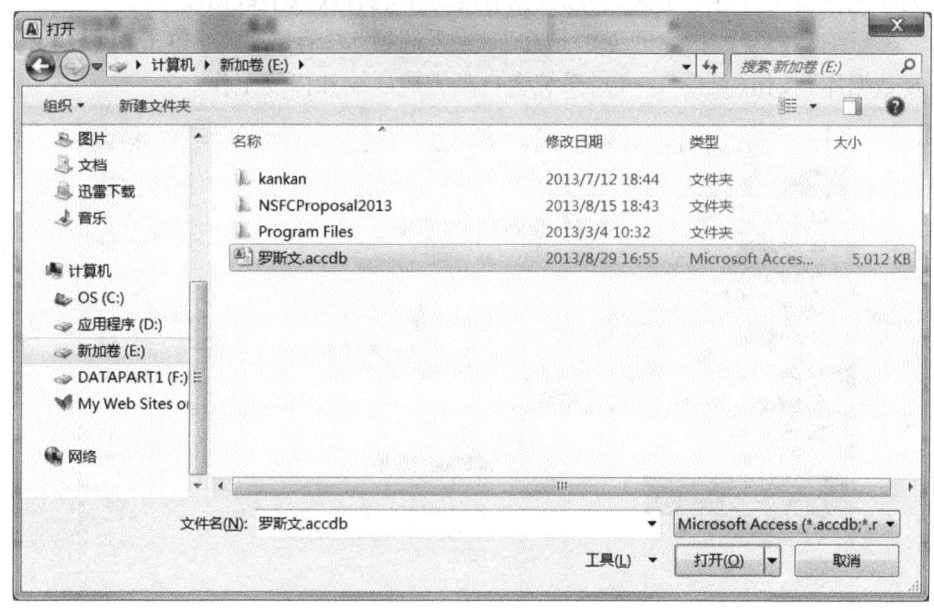

图 2-3 "打开"对话框

说明:可以通过"打开"按钮右侧的箭头选择数据库的打开方式,具体含义如下:

①如果选择"打开"选项,被打开的数据库可以被网络中的其他用户共享,这是默认的数据库文件打开方式。

②如果选择"以只读方式打开"选项,只能使用、浏览数据库中的对象,不能

对其进行修改。

③如果选择"以独占方式打开"选项,则其他用户不可以使用该数据库。

④如果选择"以独占、只读方式打开"选项,则只能是使用、浏览数据库对象,不能对其进行修改,其他用户不可以使用该数据库。

2.2.5 数据库的关闭

关闭数据库有以下几种方法:
(1)选择"文件"选项卡,单击"关闭数据库"命令。
(2)选择"文件"选项卡,单击"退出"命令。
(3)单击数据库窗口标题栏的"关闭"按钮。

2.2.6 数据库的压缩与修复

压缩与修复是为了数据库的备份和清理。随着数据库使用次数的增加,数据库文件会变得越来越大,删除数据有时也不能有效减小数据库文件。

压缩和修复数据库的方法是在"文件"选项卡"信息"组中单击"压缩和修复数据库"按钮(见图2-4),系统会自动完成压缩和修复工作。

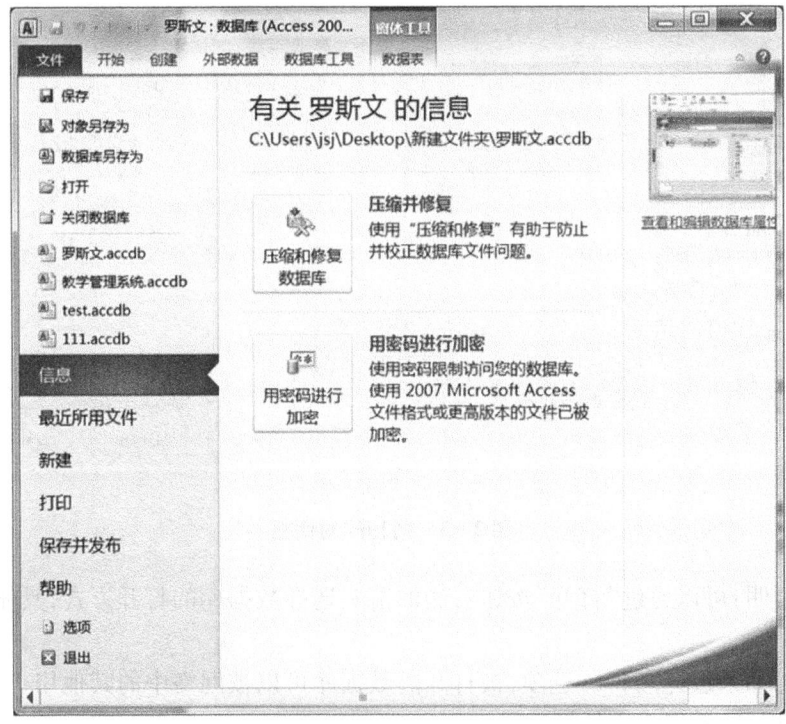

图2-4 压缩与修复数据库

2.2.7 数据库属性的查看和编辑

通过查看数据库属性,可以了解并编辑数据库的相关信息。

在"文件"选项卡"信息"组中单击"查看和编辑数据库属性"按钮,会弹出一个带有多个选项卡的对话框,如图2-5所示。

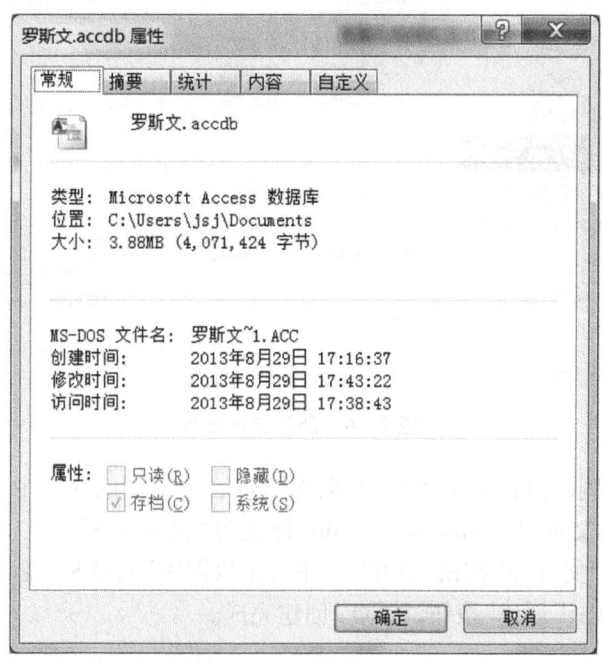

图 2-5 数据库属性

在此对话框中,可以查看或编辑常规、摘要、统计、内容、自定义等信息。

2.3 项目实施

2.3.1 任务1:创建"教学管理"数据库

创建一个空数据库,名为"教学管理"。

操作步骤如下:

(1)启动 Access 2010,在"文件"选项卡中执行"新建"命令,如图2-6所示。

数据库项目教学实践教程(Access 2010)

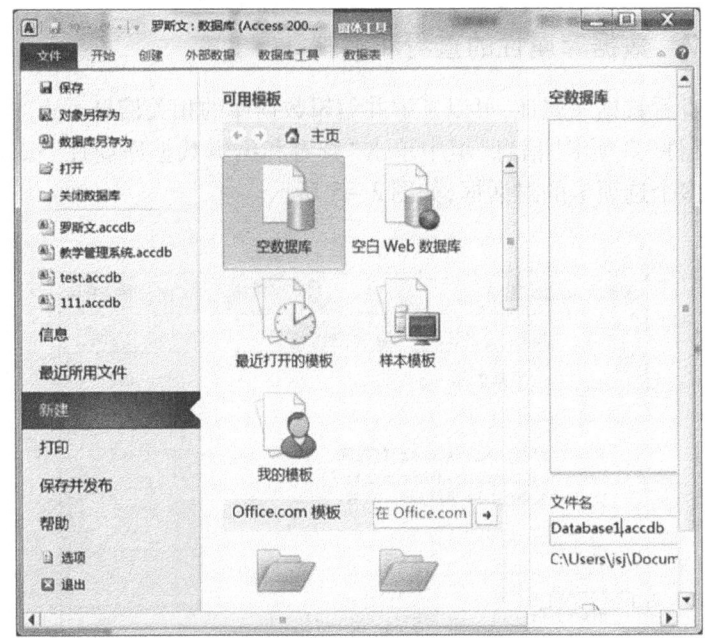

图 2-6　新建空数据库

(2)在左侧的窗口中选择"空数据库"选项,将右侧的窗口中的"文件名"文本框中默认的文件名"Database1.accdb"修改为"教学管理"。

(3)单击"文件夹"按钮,打开"文件新建数据库"对话框(见图 2-7),选择保存路径。单击"创建"按钮,数据库创建完成。

图 2-7　保存数据库

此时空数据库创建完成,可以在数据库中创建数据库对象了。

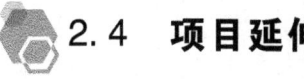

2.4 项目延伸

创建数据库是进行后续任务的前提,完成本章任务后请思考以下问题:
1. Access 2010 主要有哪些功能?
2. Access 2010 的系统对象有哪些?
3. Access 2010 如何创建数据库?

3

子任务：创建表

在关系型数据库中,表是用来存储和管理数据的对象,也是数据库其他对象的数据源和操作基础。在 Access 2010 中,表是一个满足关系模型的二维表,即由行和列组成的表格。表以名称标识,表的名称可以使用汉字或英文字母等。

3.1　项目任务描述

本章任务:建立教学管理系统中的数据表,给各表建立主键或者索引,建立表间关系并实施参照完整性。

3.2　项目预备知识

3.2.1　表结构

一个完整的表是由表结构和表内容两部分组成的。表结构由字段名称、字段类型以及字段属性组成,表内容由一条条的记录组成。

字段名称是指二维表中某一列的名称,可以使用字母、汉字、数字、空格和其他字符,长度为 1~64 个字符,但不能使用"。""!""[""]"等。

字段类型是字段取值的数据类型,包括文本型、数字型、备注型、日期/时间型、逻辑型等 12 种。

字段属性是字段特征值的集合,分为常规属性和查阅属性两种,用来控制字段的操作方式和显示方式。

例如,在教学管理系统中,包含教师、课程、学生、人事档案、选修、院系等。教师表的结构,如图 3-1 所示。

3.2.2　字段的数据类型

在 Access 2010 中,字段的数据类型有 12 种,下面介绍常用的 9 种:

3.2.2.1　文本型

文本型字段用来存放字符串数据,如学号、姓名、性别等字段。文本型数据可以存储汉字和 ASCII 字符集中可打印字符,最大长度为 255 个字符,用户可以根据需要自行设置。

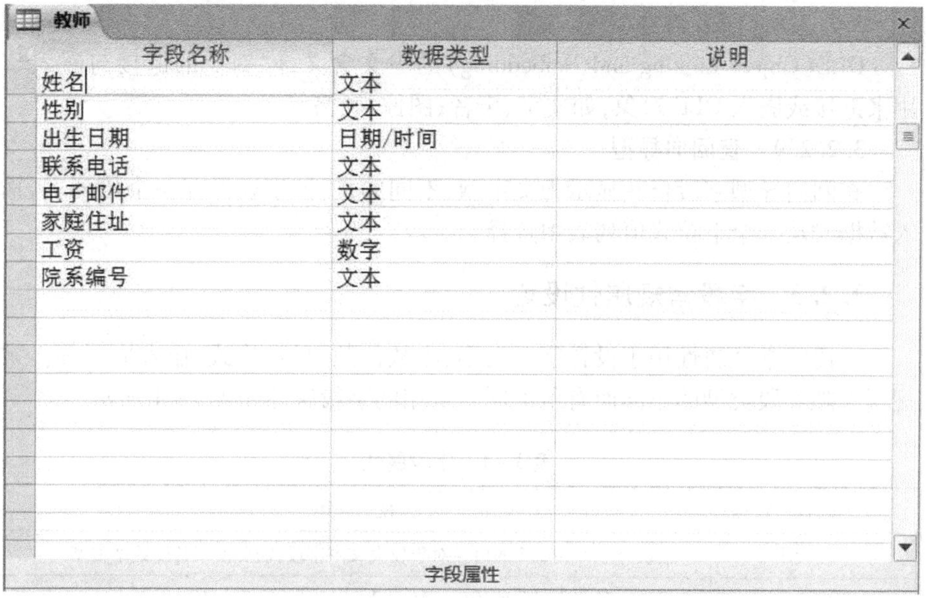

图 3-1 教师表结构

3.2.2.2 备注型
备注型字段用来存放较长的文本型数据,长度为 65 535 个字符。备注型数据是文本型数据类型的特殊形式,受磁盘空间限制。

3.2.2.3 数字型
数字型字段用来存储整数、实数等可以进行计算的数据。数值型字段又分为字节、整型、长整型、单精度型、双精度型、同步复制 ID、小数这几种类型。

3.2.2.4 日期/时间型
日期/时间型字段用于存放日期、时间或日期时间的组合。日期/时间型数据分为常规日期、长日期、中日期、短日期、长时间、中时间、短时间等类型。

3.2.2.5 货币型
货币型字段用于存放具有双精度属性的货币数据,如工资、学费等。

3.2.2.6 自动编号型
自动编号型字段用于存放系统为记录绑定的顺序号。自动编号型字段的数据无须输入,当记录增加时,系统为该记录自动编号。字段大小为 4,由系统自动设置。一个表只能有一个自动编号型字段,该字段中的顺序号永久与记录相联,不能人工指定或更改自动编号型字段中的数值。

3.2.2.7 是否型
是/否型字段用于存放逻辑数据,表示"是/否"或"真/假"。字段大小为 1,

由系统自动设置。例如,婚否字段可以使用是/否型。

3.2.2.8 OLE 对象型

OLE(Object Linking and Embedding)的中文含义是"对象的链接与嵌入",用来链接或嵌入 OLE 对象,如文字、声音、图像、表格等。

3.2.2.9 查阅向导型

查阅向导型字段仍然显示为文本型,不同的是,该字段保存一个值列表,输入数据时从一个下拉式值列表中选择。

3.2.3 字段常规属性设置

字段的常规属性用于设置字段大小、小数位数、显示格式、输入掩码等。常规属性随字段类型的不同而有所不同。常用的字段属性如表 3-1 所示。

表 3-1 字段属性

属性	使用
字段大小	输入介于 1 到 255 的值。对于较大文本字段,需要使用备注数据类型
小数位数	指定显示数字时要使用的小数位数
允许空字符串	允许在超链接、文本或备注字段中输入零长度字符串
标题	默认情况下,以窗体、报表和查询的形式显示此字段的标签文本。如果此属性为空,则会使用字段的名称
默认值	添加新记录时自动向此字段分配指定值
格式	决定当字段在数据表或绑定到该字段的窗体或报表中显示或打印时该字段的显示方式
索引	指定字段是否具有索引以及索引的类型
必填	需要在字段中输入数据
有效性规则	提供一个表达式,该表达式必须为 True,才能在此字段中添加或更改值
有效性文本	输入要在输入值违反有效性规则属性中的表达式时显示的消息

3.2.3.1 设置文本字段显示格式

对于"文本"和"备注"类型字段,可以在格式属性的设置中使用特殊的符号来创建自定义格式。可以使用表 3-2 中的符号来创建自定义的文本和备注格式。

表 3-2 文本格式控制符

符号	说明
@	需要文本字符(字符或空格)

续表

符号	说明
&	不需要文本字符
<	强制所有字符为小写
>	强制所有字符为大写

例如，在字段"教师编号"的格式属性中使用"@@@-@@@"自定义格式，则该字段内容会以类似"001-001"的格式显示。

3.2.3.2 设置数字字段显示格式

对于"数字"和"货币"数据类型，可以将格式属性设为预定义的数字格式或自定义的数字格式。可以使用表3-3中的符号来创建自定义的数字格式。

表3-3 数字格式控制符

符号	说明
.（句点）	小数分隔符。分隔符在Windows区域设置中设置
,（逗号）	千位分隔符
0	数字占位符。显示一个数字或0
#	数字占位符。显示一个数字或不显示任何内容
$	显示原义字符"$"
%	百分比。值将乘以100，并附加一个百分比符号
E-或e-	科学记数法，在负数指数后面加上一个减号（-），在正数指数后不加符号。该符号必须与其他符号一起使用，如0.00E-00或0.00E00
E+或e+	科学记数法，在负数指数后面加上一个减号（-），在正数指数后面加上一个正号（+）。该符号必须与其他符号一起使用，如0.00E+00

例如，在字段"工资"的格式属性中输入"#,###.00"，表示使用千位分隔符，保留两位小数，没有小数则用0表示。

3.2.3.3 设置日期/时间字段显示格式

对于"日期/时间"数据类型，除了使用预定义的格式，也可以使用自定义格式。可以使用表3-4中的符号创建自定义日期及时间格式。

表3-4 日期/时间格式控制符

符号	说明
:（冒号）	时间分隔符（分隔符：用来分隔文本或数字单元的字符）。分隔符是在Windows区域设置中设置的

续表

符号	说明
/	日期分隔符
c	与"常规日期"的预定义格式相同
d	一个月中的天数,根据需要以一位或两位数表示(1 到 31)
dd	一个月中的天数,用两位数字表示(01 到 31)
ddd	星期数的前三个字母(Sun. 到 Sat.)
dddd	星期数的全称(Sunday 到 Saturday)
ddddd	与"短日期"的预定义格式相同
dddddd	与"长日期"的预定义格式相同
w	星期数(1 到 7)
ww	一年中的周数(1 到 53)
m	一年中的月份数,根据需要以一位或两位数表示(1 到 12)
mm	一年中的月份数,以两位数表示(01 到 12)
mmm	月份的前三个字母(Jan. 到 Dec.)
mmmm	月份的全称(January 到 December)
q	以一年中季度的形式显示的日期(1 到 4)
y	一年中的天数(1 到 366)
yy	年份的最后两个数字(01 到 99)
yyyy	完整的年数(0100 到 9999)
h	小时,根据需要以一位或两位数表示(0 到 23)
hh	小时,以两位数表示(00 到 23)
n	分钟,根据需要以一位或两位数表示(0 到 59)
nn	分钟,以两位数表示(00 到 59)
s	秒,根据需要以一位或两位数表示(0 到 59)
ss	秒,以两位数表示(00 到 59)
ttttt	与"长时间"的预定义格式相同
AM/PM	相应地使用大写字母"AM"或"PM"的 12 小时时钟
am/pm	相应地使用小写字母"am"或"pm"的 12 小时时钟
A/P	相应地使用大写字母"A"或"P"的 12 小时时钟
a/p	相应地使用小写字母"a"或"p"的 12 小时时钟
AMPM	使用适当的上午/下午指示器(如 Windows 区域设置中所定义)的 24 小时时钟

例如,将字段"出生日期"的格式属性设置为:ddd","mmm d","yyyy,则该字段显示格式如"Mon,Jun 2,1997"的日期时间。

3.2.3.4 设置字段标题

字段标题是字段的别名,通过表、窗体和报表浏览数据时,Access 2010 系统会自动将字段标题作为数据的显示标题。

如果字段没有设置标题,则默认该字段名为显示标题。

3.2.3.5 设置输入掩码

字段输入掩码是给字段输入数据时的某种特定的输入格式。它可以对保密数据进行掩盖,也可以为相对固定的数据定义指定格式。

例如,对字段"出生日期"使用输入掩码向导设置掩码,选择"长日期(中文)",则在表中输入出生日期的时候,会出现"年月日"的提示。

3.2.3.6 设置有效性规则和文本

输入数据有时需要限定输入数据的内容,如性别只允许输入"男"或"女",成绩的值在 0 至 100 之间等,这些限制可以通过设置有效性规则和有效性文本实现。有效性规则用于设置输入字段中的数据的值域。有效性文本是设置当用户输入有效性规则不允许的值时显示的出错提示信息,用户必须对字段值进行修改,直到数据输入正确。

【例 3-1】对于教师表,设置"性别"字段的值只能是"男"或"女",当输入数据出错时,显示信息"请输入男或女"。

操作步骤如下:

(1)打开"教学管理"数据库。

(2)在"导航"窗口中选择表对象"教师",进入设计视图。选中"性别"字段,在"有效性规则"一栏中输入""男"Or"女"",在"有效性文本栏"中输入"请输入男或女",如图 3-2 所示。

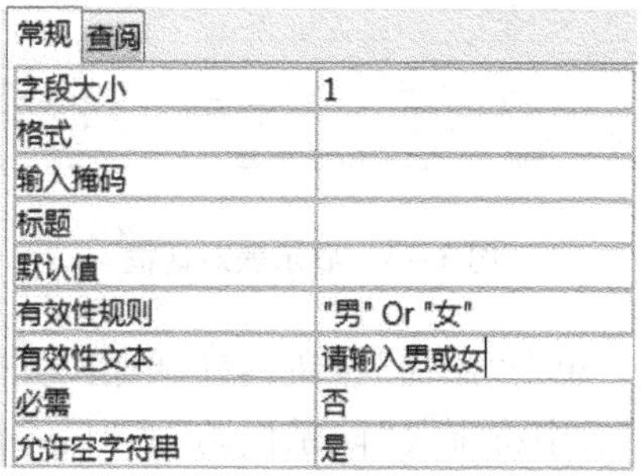

常规 查阅	
字段大小	1
格式	
输入掩码	
标题	
默认值	
有效性规则	"男" Or "女"
有效性文本	请输入男或女
必需	否
允许空字符串	是

图 3-2 设置有效性规则

3.2.4 字段查阅属性设置

"查阅"字段提供了一系列值,供输入数据时从中选择。这使数据输入更加容易,并可确保该字段中数据的一致性。"查阅"字段提供的值列表中的值可以来自表或查询,也可以来自指定的固定值集合。

【例3-2】对教师表,设置"院系编号"字段的取值来自于"院系"表中的院系代码。

操作步骤如下:

(1)打开"教学管理"数据库。

(2)在导航窗口中选择表对象"教师",进入设计视图。选中"院系编号"字段,并单击"查阅"选项卡。

(3)在"显示控件"中选择控件类型为"组合框",在"行来源类型"框中输入行来源的类型:"表/查询"。在"行来源"中单击右侧的按钮,打开"查询向导"对话框,同时打开"显示表"对话框,如图3-3所示。

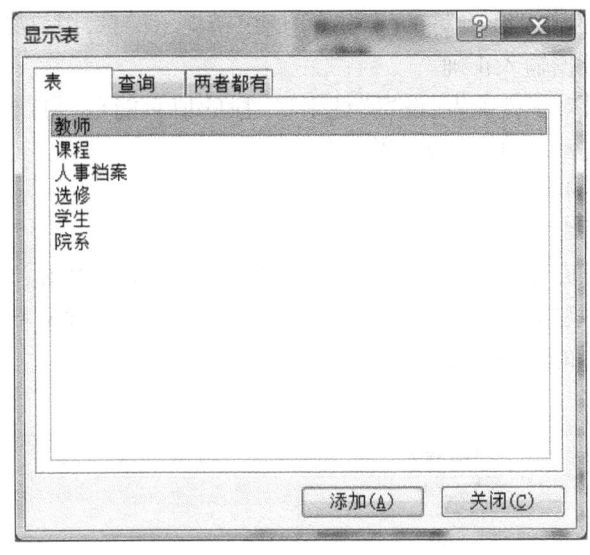

图3-3 显示表对话框

(4)选择"院系"表,单击"添加"按钮,然后单击"关闭"按钮,返回"查询生成器"窗口。在"院系"表中将字段"院系代码"和"院系名称"添加到窗口下方的网格中,如图3-4所示。

(5)关闭查询窗口,返回表的设计视图,如图3-5所示。可以看到,在行来源列表框中添加了一行Select语句,该语句的含义我们后面会讲到。

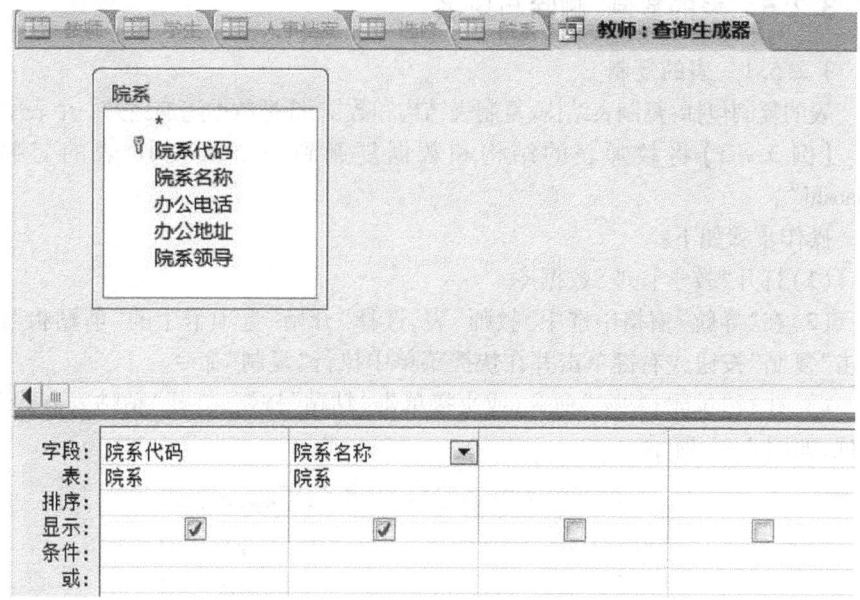

图 3-4　添加字段

图 3-5　生成 SQL 语句

（6）切换到数据表视图，见图 3-6，发现"院系编号"字段可以从组合框中选取值了。

图 3-6　数据表视图

3.2.5　表的复制、删除与更名

3.2.5.1　表的复制

表的复制包括:复制表结构、复制表结构和数据,或把数据追加到另一个表中。

【例 3 – 3】将教师表的结构和数据复制到一个新表中,表的名称为"jiaoshi"。

操作步骤如下:

(1)打开"教学管理"数据库。

(2)在"导航"窗格中选中"教师"表,选择"开始"选项卡中的"剪贴板"组,单击"复制"按钮或右键单击并在快捷菜单中执行"复制"命令。

(3)执行"编辑|粘贴"命令,或直接单击"粘贴"按钮,打开"粘贴表方式"对话框,如图 3 – 7 所示。

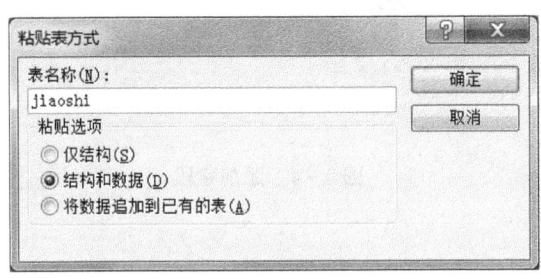

图 3 – 7　复制表

(4)在"表名称"文本框中输入表名"jiaoshi",并选择"粘贴选项"中的"结构和数据"单选按钮,然后单击"确定"按钮,即完成对教师表的复制。

在数据库的使用过程中,一些无用的表可以删除,以释放所占用的磁盘空间。

3.2.5.2　表的删除

删除表的方法有以下几种。

(1)选中要删除的表,直接按"Delete"键。

(2)选中要删除的表,单击"开始"选项卡下"记录"组的"删除"按钮,或使用快捷菜单命令"删除",打开"确认删除"对话框,单击"是"按钮即可。

(3)选中要删除的表,右键单击并在快捷菜单中执行"删除"命令。

3.2.5.3　表的更名

对表重命名即对表的名称进行修改,可使用菜单或快捷菜单实现。

3.2.6　改变数据的显示方式

在表的数据表视图中浏览数据时,可以按照自己的需要进行数据显示格式的设置,如设置行高和列宽、设置显示字体、隐藏某些列、冻结某些列、改变字段

的显示顺序等。

3.2.6.1 调整行高和列宽
调整行高和列宽可直接拖动鼠标或使用菜单命令完成。

3.2.6.2 设置文本字体和数据表
选择"开始"选项卡,使用"文本格式"组中的按钮可以设置字段的格式。

3.2.6.3 隐藏列/取消隐藏列
在数据表视图中,可以隐藏某些字段信息,使其不在屏幕中显示,需要时再取消隐藏。如果表中字段较多,在浏览记录时,将某一些字段隐藏。

3.2.6.4 冻结列/解冻列
如果想在字段滚动时,使某些字段始终在屏幕上保持可见,可以使用冻结列操作。这样就可以使冻结的列显示在数据表的左边并添加冻结线,未被冻结的列则在字段滚动时被隐藏。

3.2.7 查找与替换

在数据管理中,有时需要快速查找某些数据,或者需要对这些数据进行有规律地替换,使用 Access 2010 提供的"查找"和"替换"功能即可实现,这与 Word 中的"查找"和"替换"功能类似。

3.2.8 数据排序

为了快速查找信息,可以对记录进行排序。排序需要设定排序关键字,排序关键字可由一个或多个字段组成,排序后的结果可以保存在表中。

【例3-4】将教师表按照"姓名"字段进行升序排序。

操作步骤如下:
(1)打开"教学管理"数据库。
(2)在"导航"窗格中选中"教师"表,进入数据表视图。
(3)选中字段"姓名",选中"开始"选项卡中的"排序和筛选"组,单击"升序"按钮,数据表中的记录将按照"姓名"进行升序排列。

3.2.9 数据的筛选

筛选是根据给定的条件,选择满足条件的记录在数据表视图中显示。例如,显示所有职称为"教授"的教师,显示"计算机"专业的学生等。

在 Access 2010 中,提供了"选择筛选"、"按窗体筛选"以及"高级筛选/排序"3 种方法。

3.2.9.1 选择筛选
选择筛选用于查找某一字段满足一定条件的数据记录,条件包括"等于"

"不等于""包含""不包含"等,其作用是隐藏不满足选定内容的记录,显示所有满足条件的记录。

3.2.9.2 按窗体筛选

按窗体筛选是在空白窗体中设置筛选条件,然后查找满足条件的所有记录并显示,可以在窗体中设置多个条件。按窗体筛选是使用最广泛的一种筛选方法。

3.2.9.3 高级筛选/排序

使用"高级筛选/排序"不仅可以筛选满足条件的记录,还可以对筛选的结果进行排序。

【例3-5】在教师表中筛选出工资超过7 000元的男教师。

操作步骤如下:

(1)打开"教学管理"数据库。

(2)在"导航"窗格中选中"教师"表,进入数据表视图。

(3)选中"开始"选项卡中的"排序和筛选"组,单击"高级"按钮,选择"按窗体筛选"项。在"性别"字段下拉框里面选择"男",在"工资"字段下拉框里面输入">7000",如图3-8所示。

图3-8 按窗体筛选

(4)单击"高级"按钮,选择"应用筛选/排序"项,即可筛选出工资超过7 000元的男教师。

【例3-5】也可以使用高级筛选完成,需要在高级筛选视图中设置条件,如图3-9所示。请读者自行完成。

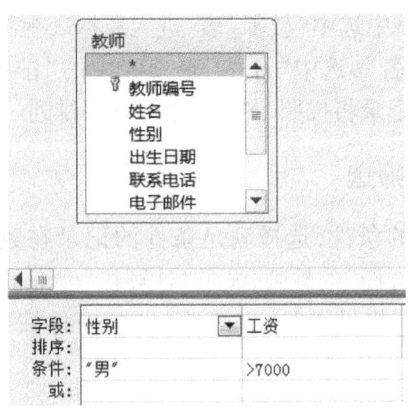

图3-9 高级筛选

3.2.10 主键与索引

在表中能够唯一标识记录的字段或字段集合被称为主关键字,简称主键。一个表只能有一个主键。若表设置了主键,则表的记录存取依赖于主键,且主关键字段不能重复或者为空。

索引是按照某个字段或字段集合的值进行记录排序的一种技术,其目的是提高检索速度。通常情况下,数据表中的记录是按照输入数据的顺序排列的。当用户需要对数据表中的信息进行快速检索、查询信息时,可以对数据表中的记录重新调整顺序。

索引是一种逻辑排序,它不改变数据表中记录的排列顺序,而是按照排序关键字的顺序提取记录指针生成索引文件。在一个表中可以创建一个或多个索引,可以用单个字段创建一个索引,也可以用多个字段(字段集合)创建一个索引。使用多个字段索引进行排序时,一般按照索引第一个字段进行排序,当第一个字段重复时,再按第二个关键字进行排序,依此类推。创建索引后,向表中添加记录或更新记录时,索引自动更新。

索引属性的值可以通过下拉列表选择,有以下3种可能的取值:

(1)"无"索引。表示该字段无索引。

(2)"有(有重复)"索引。表示该字段有索引,且索引字段的值可以重复,创建的索引是普通索引。

(3)"有(无重复)"索引。表示该字段有索引,且索引字段的值不可以重复,创建的索引是唯一索引。

请读者给教师表和学生表的"院系编号"字段以及课程表的"授课教师编号"字段创建有重复索引,人事档案的"教师编号"字段创建无重复索引。

3.2.11 关系

当需要使一个表中的行与另一个表中的行进行关联时,可以创建两个表间的关系。

表之间的关系实际上是实体之间关系的反映。因此,表之间的关系通常也分为3种。

3.2.11.1 一对一关系

"一对一关系"是指 A 表中的一条记录只能对应 B 表中的一条记录,并且 B 表中的一条记录也只能对应 A 表中的一条记录。

两个表之间要建立一对一关系,首先要为两个表的关联字段建立主键或唯一索引,然后确定两个表之间具有一对一关系。

3.2.11.2 一对多关系

"一对多关系"是指 A 表中的一条记录能对应 B 表中的多条记录,而 B 表中的一条记录只能对应 A 表中的一条记录,A 称为主表,B 称为子表。

两个表之间要建立一对多关系,首先定义关联字段为主表的主键或建立唯一索引,然后在子表中按照关联字段创建普通索引,最后确定两个表之间具有多对一关系。

3.2.11.3 多对多联系

"多对多关系"是指 A 表中的一条记录能对应 B 表中的多条记录,而 B 表中的一条记录也可以对应 A 表中的多条记录。

关系型数据库管理系统不支持多对多关系,必须将其转换为两个一对多关系才能创建表间关系。建立表间关系的前提是表的关联字段已经建立了主键或者索引。

3.2.12 子表

当两个表之间创建了一对多的关系时,这两个表之间就形成了父表和子表的关系,一方称为父表,多方称为子表。

当使用父表时,可以方便地使用子表。只要通过插入子表的操作,就可以在父表打开时浏览子表的相关数据。

创建表间关系后,在父表的数据浏览窗口中可以看到左边新增了标有"+"的一列,这是父表与子表的关联符,单击"+"符号时,会展开子数据表,"+"变为"-"符号,单击"-"符号可以折叠子数据表。

3.3 项目实施

3.3.1 任务1:使用设计视图创建表

使用设计视图,可以按照自己的需求来创建表,定义字段名、类型以及相关属性。

使用设计视图创建教师表操作步骤如下:
(1)打开数据库"教学管理"。
(2)选择"创建"选项卡,单击"表设计"按钮,打开表设计窗口。
(3)在表编辑器中,定义每个字段的名字、类型、长度和索引等信息,如图3-10所示。

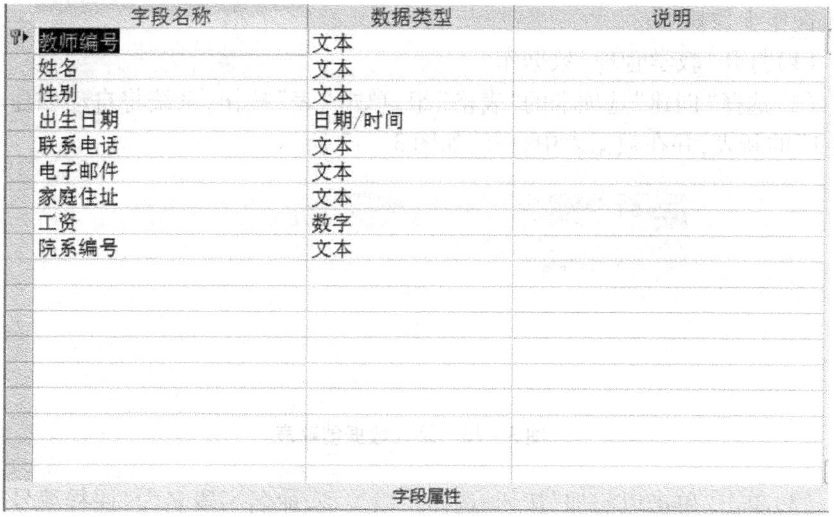

字段名称	数据类型	说明
教师编号	文本	
姓名	文本	
性别	文本	
出生日期	日期/时间	
联系电话	文本	
电子邮件	文本	
家庭住址	文本	
工资	数字	
院系编号	文本	

字段属性

图 3-10　教师表结构

(4)选择“文件”选项卡,执行“保存”命令,在“另存为”对话框中输入表名“教师”,然后单击“确定”按钮,保存创建的表。

3.3.2　任务 2:使用数据表视图创建表

用户也可以在输入数据的同时对表的结构进行定义,这需要在数据表视图窗口中进行操作。

利用数据表视图创建“课程”表,表结构如图 3-11 所示。

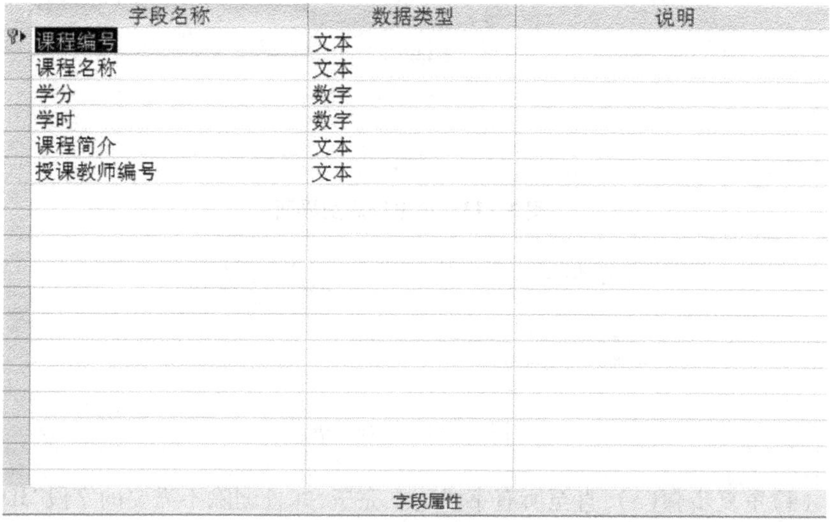

字段名称	数据类型	说明
课程编号	文本	
课程名称	文本	
学分	数字	
学时	数字	
课程简介	文本	
授课教师编号	文本	

字段属性

图 3-11　课程表结构

操作步骤如下：

(1)打开"教学管理"数据库。

(2)选择"创建"选项卡的"表格"组,单击"表"按钮,系统将自动创建名为"表1"的新表,并在数据表中打开,如图3－12所示。

图3－12　录入数据创建表

(3)单击"单击以添加"按钮,选择字段类型,命名字段名为"课程编号",输入"001",如图3－13和图3－14所示。

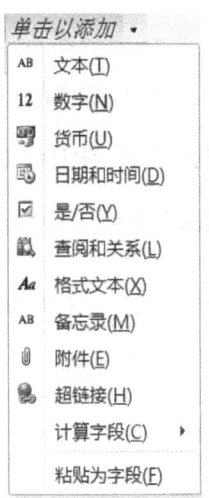

图3－13　单击以添加界面

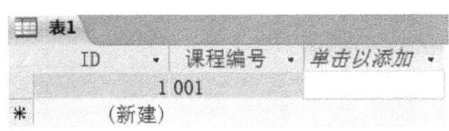

图3－14　添加数据

(4)重复步骤(3),直至所有字段建立完毕,并且删除不需要的字段"ID"。

(5)在快速访问工具栏中单击"保存"按钮,打开"另存为"对话框,将表保存为"课程",录入数据,最终结果如图3-15所示。

课程编号	课程名称	学分	学时	课程简介	授课教师编	单击以添加
001	计算机基础	2	32		001001	
002	数据库	4	64		001002	
003	数据结构	4	64		001002	
004	劳动安全概论	2	32		002001	
005	古诗鉴赏	2	32		002002	

图 3-15　课程表

3.3.3　任务3:通过数据导入创建表

通过数据导入创建表是指利用已有的数据文件创建新表,这些数据文件可以是电子表格、文本文件或其他数据库系统创建的数据文件。利用 Access 2010 系统的数据导入功能,可以将数据文件中的数据导入到当前数据库中。

将 Excel 电子表格文件"人事档案.xlsx"中的数据导入"教学管理"数据库中,表的名称为"人事档案"。

操作步骤如下:

(1)打开"教学管理"数据库。

(2)选择"外部数据"选项卡的"导入并链接"组,单击"Excel"按钮,打开"获取外部数据"对话框,如图 3-16 所示。

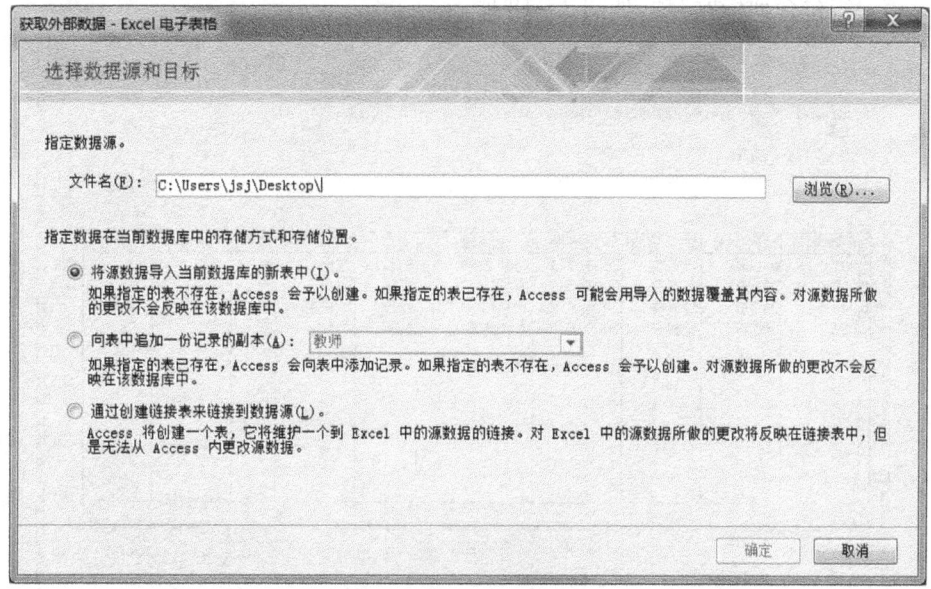

图 3-16　选择数据源

(3) 单击"浏览"按钮,选择要导入的文件"人事档案.xlsx",选择"将源数据导入当前数据库中的新表中"选项,单击"确定"按钮,打开"导入数据表向导"对话框,如图 3 – 17 所示。

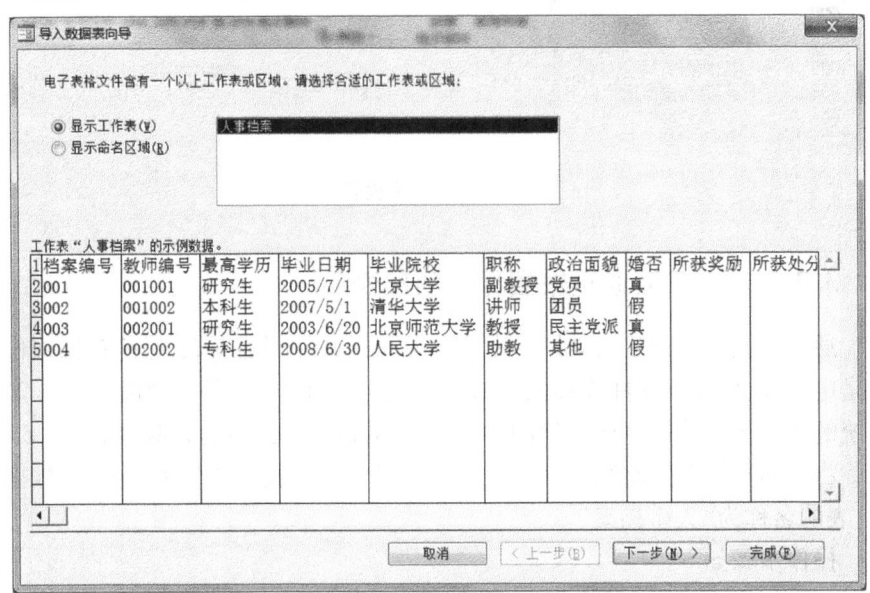

图 3 – 17　显示工作表

(4) 选择"显示工作表"选项,单击"下一步"按钮,在弹出的对话框中选中"第一行包含列标题"项,如图 3 – 18 所示。

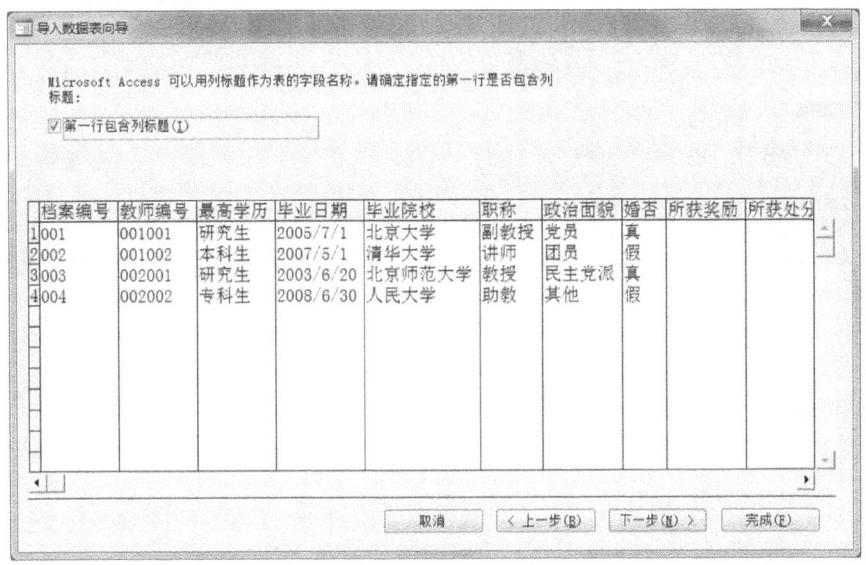

图 3 – 18　第一行包含列标题

(5)单击"下一步"按钮,在弹出的对话框中可选择和修改字段,如图3-19所示。

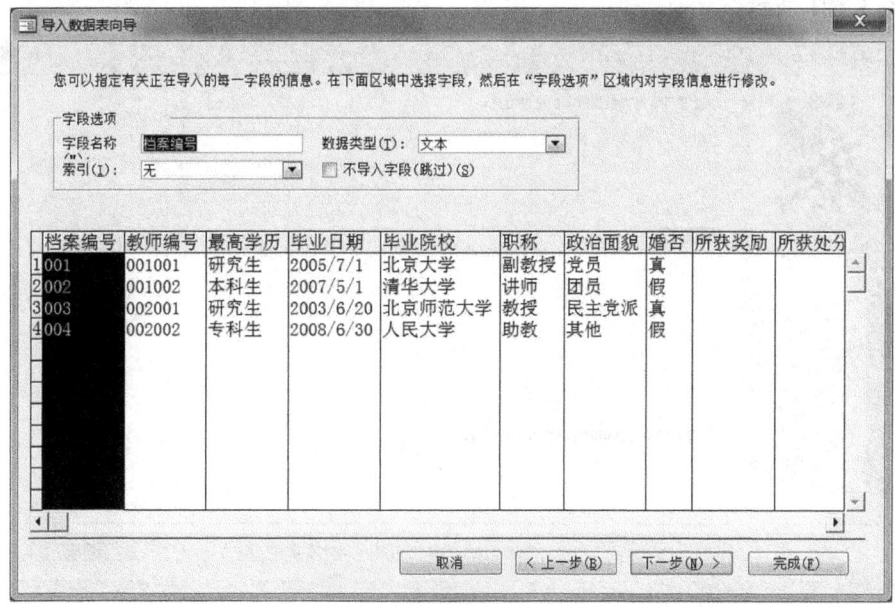

图3-19 设置字段信息

(6)单击"下一步"按钮,在弹出的对话框中选中"不要主键"选项,如图3-20所示。

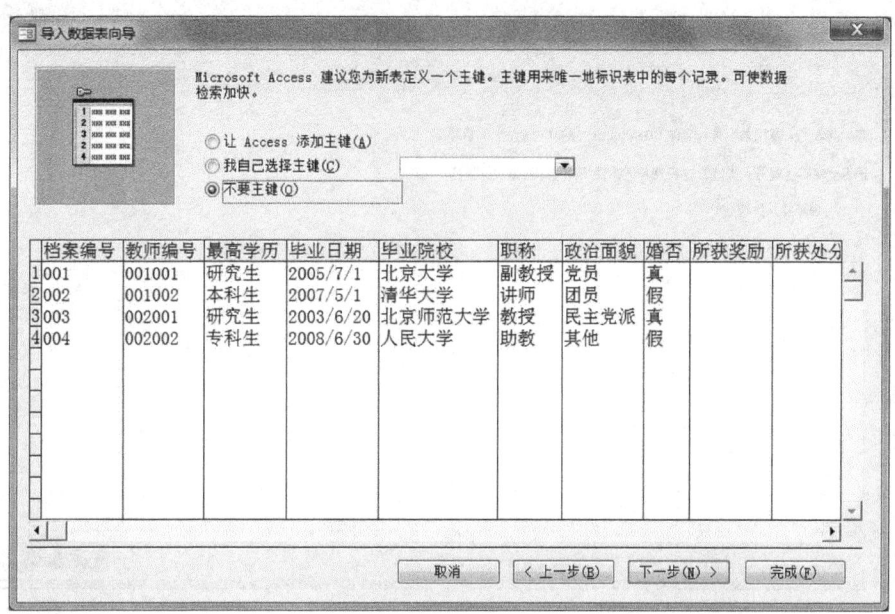

图3-20 设置主键

(7)单击"下一步"按钮,在弹出的对话框中输入新表名称"人事档案",如图3-21所示。

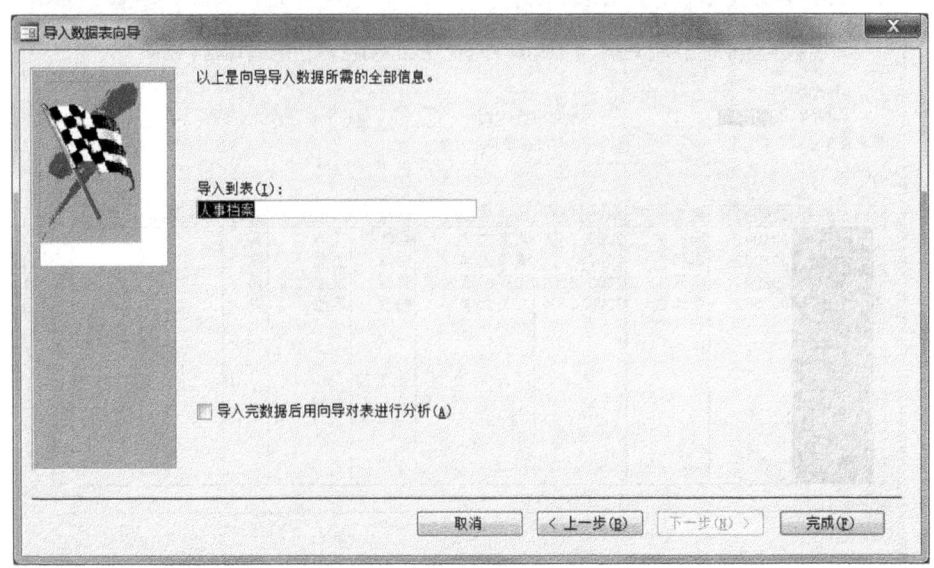

图3-21　设置新表名

(8)单击"完成"按钮,在弹出的对话框中单击"关闭"按钮,如图3-22所示。

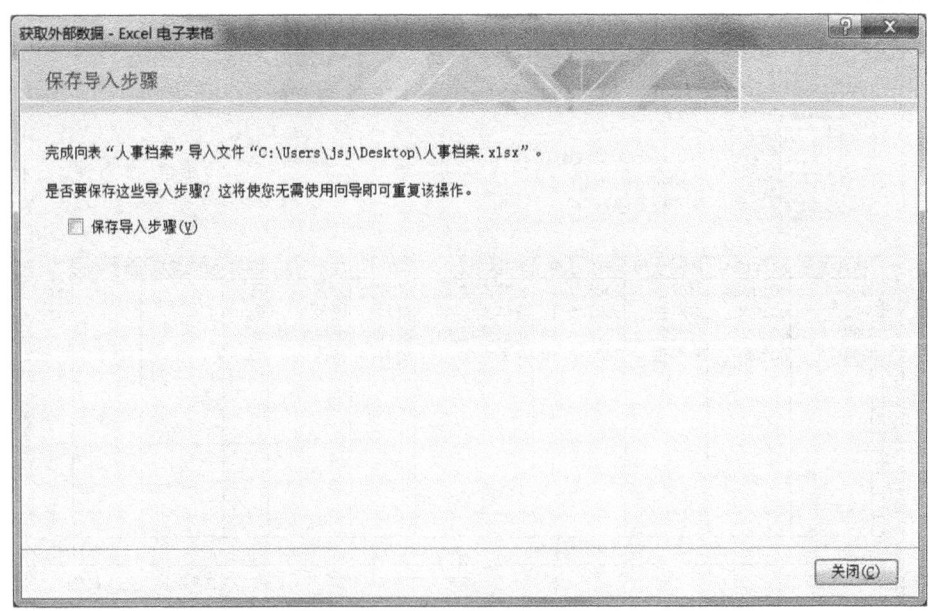

图3-22　完成新表建立

至此,导入表的操作完成。

在“导航”窗格中选择“人事档案”表,打开数据表视图,显示结果如图3－23所示。

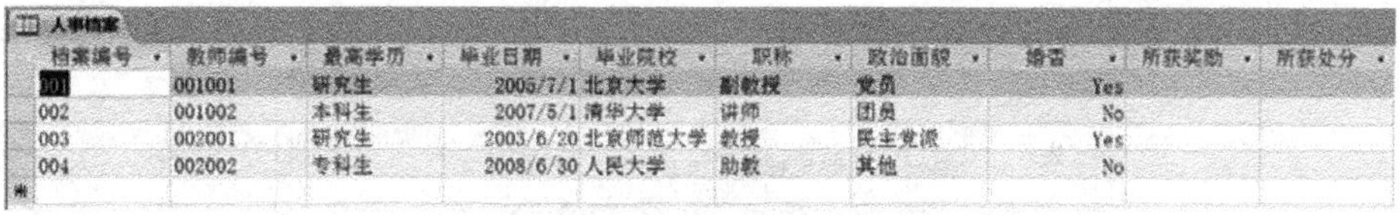

人事档案

档案编号	教师编号	最高学历	毕业日期	毕业院校	职称	政治面貌	婚否	所获奖励	所获处分
001	001001	研究生	2005/7/1	北京大学	副教授	党员	Yes		
002	001002	本科生	2007/5/1	清华大学	讲师	团员	No		
003	002001	研究生	2003/6/20	北京师范大学	教授	民主党派	Yes		
004	002002	专科生	2008/6/30	人民大学	助教	其他	No		

图3－23　人事档案表

3.3.4　任务4:为教师表设置主键

对教师表,设置“教师编号”字段为主键。

操作步骤如下:

(1)打开“教学管理”数据库。

(2)在导航窗口中选择表对象“教师”,进入设计视图。选中“教师编号”字段。

(3)在选项卡“表格工具/设计”中的“工具”组,单击“主键”按钮,如图3－24所示。

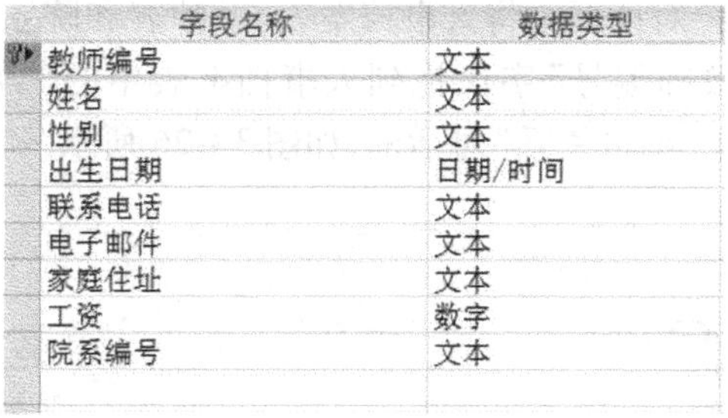

字段名称	数据类型
教师编号	文本
姓名	文本
性别	文本
出生日期	日期/时间
联系电话	文本
电子邮件	文本
家庭住址	文本
工资	数字
院系编号	文本

图3－24　设置主键

按照同样的操作,依次给人事档案、学生、课程、选课、院系表的相应字段创建主键。

3.3.5　任务5:创建表间关系

要求如下:

(1)教师表和人事档案表建立一对一关系,关联字段为教师编号。

(2)教师表和院系表建立一对多关系,关联字段为院系编号。

操作步骤如下：

(1)打开"教学管理"数据库,并按照相关公共字段创建主键或者索引。

(2)在"数据库工具"选项卡中打开"关系"窗口,选择"关系工具/设计"选项卡,单击"显示表"按钮,打开"显示表"对话框,如图3-25所示。

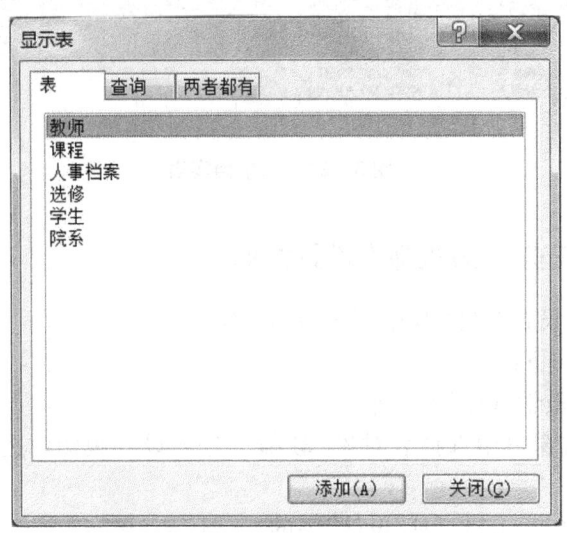

图3-25 "显示表"对话框

(3)在"显示表"对话框中将人事档案表、教师表和院系表添加到关系窗口中。将教师表的"教师编号"字段拖到人事档案表中的"教师编号"字段的位置,系统将自动打开"编辑关系"对话框,如图3-26所示。

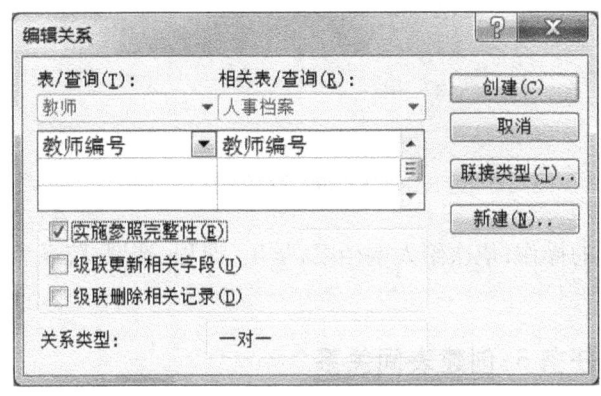

图3-26 "编辑关系"对话框

(4)选中"实施参照完整性"复选框,单击"创建"按钮,返回到关系窗口。

创建关系完成。

参照完整性是一个规则,它可以保证已存在关系的表记录之间的完整有效性,并且不能随意地删除或者更改相关数据。

(5)按照相同的步骤创建教师表与院系表的关系。

根据"教学管理"数据库的表结构,最终建立的表间关系如图3-27所示。

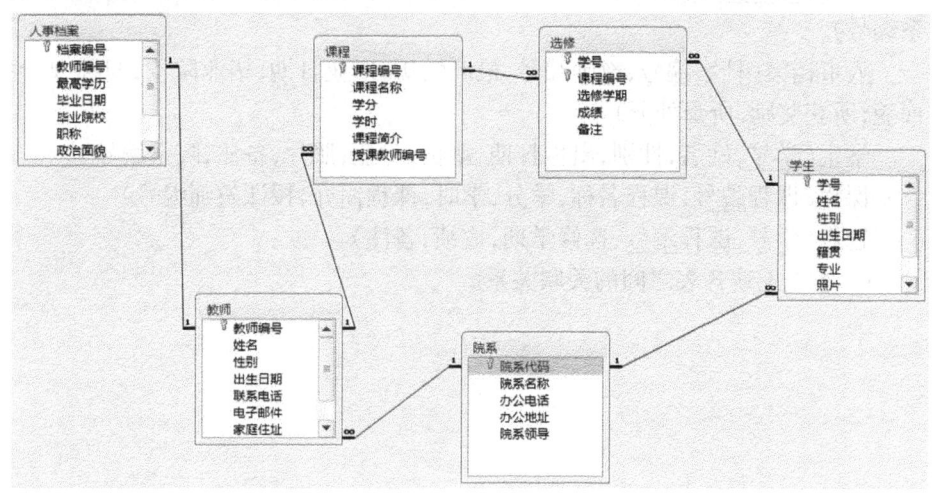

图3-27 表间关系图

需要时可以对关系进行修改,如更改关联字段或删除关系。

(1)更改关联字段。

打开"关系"窗口,右键单击关系连接线,选择"编辑关系"选项或执行菜单命令"关系|编辑关系",打开"编辑关系"对话框,重新选择关联的表和关联字段即可完成对关系的更改。

(2)删除关系。

如果要删除已经定义的关系,需要先关闭所有已打开的表,然后打开"关系"对话框,删除关系连接线,即可删除关系。

3.4 项目延伸

完成本章的任务后,请思考和完成下列问题:
1. 表的字段类型有哪些?
2. 什么情况下需要设置输入掩码和有效性规则?

3. 如何建立表间的关联关系？

4. 什么是排序和筛选？

5. 完成以下表的创建，设计合适的字段类型，正确处理表间关系并输入部分数据。

院系(<u>院系代码</u>,院系名称,办公电话,办公地址,院系领导)

教师(<u>教师编号</u>,姓名,性别,出生日期,联系电话,电子邮件,家庭住址,院系编号)

人事档案(<u>档案编号</u>,教师编号,最高学历,毕业日期,毕业院校,职称,政治面貌,所获奖励,所受处分)

学生(<u>学号</u>,姓名,性别,出生日期,籍贯,专业,照片,备注,院系编号)

课程(<u>课程编号</u>,课程名称,学分,学时,课程简介,授课教师编号)

选修(<u>学号</u>,<u>课程编号</u>,选修学期,成绩,备注)

6. 建立上述各表之间的关联关系。

4

子任务：创建查询

4.1 项目任务描述

本章任务:在数据表的基础上完成选择查询、交叉表查询、参数查询和操作查询的设计,掌握 SQL 语言的用法。

4.2 项目预备知识

4.2.1 查询概述

查询是一个独立的、功能强大的、具有计算功能和条件检索功能的数据库对象。

查询是用户通过设置某些查询条件,从表或其他查询中选取全部或者部分数据,以表的形式显示数据供用户浏览。查询是操作的集合,不是记录的集合。查询的记录集实际上并不存在,每次使用查询时,都是从创建查询时所提供的数据源表或者查询中创建记录集。因此,查询是以表或查询为数据源的再生表,查询的结果总是与数据源中的数据保持同步。

4.2.1.1 查询的功能
查询主要有以下几个方面的功能:
(1)选择字段和记录,创建新的记录集。
(2)更新、删除、追加表中的数据,也可以生成新表。
(3)统计和计算。
(4)为其他数据库对象提供数据源。

根据对数据源的操作方式以及查询结果,Access 2010 提供的查询可以分为 5 种类型,分别是选择查询、交叉表查询、参数查询、操作查询和 SQL 查询。

4.2.1.2 查询视图
查询共有 5 种视图,分别是设计视图、数据表视图、SQL 视图、数据透视表视图和数据透视图。

(1)设计视图。

设计视图就是查询设计器,通过该视图可以创建除 SQL 之外的各种类型查询。

（2）数据表视图。

数据表视图是查询的数据浏览器，用于查看查询运行结果。

（3）SQL 视图。

SQL 视图是查看和编辑 SQL 语句的窗口，通过该窗口可以查看用查询设计器创建的查询所产生的 SQL 语句，也可以对 SQL 语句进行编辑和修改。

（4）数据透视表视图和数据透视图。

在数据透视表视图和数据透视图中，可以根据需要生成数据透视表和数据透视图，从而对数据进行分析，得到直观的分析结果。

4.2.2 选择查询

选择查询是最常用的查询类型，它能够根据用户指定的查询条件，从一个或多个数据表中获取数据并显示结果，还可以利用查询条件对记录进行分组，并进行总计、计数、平均值等运算。

创建选择查询，可以使用查询向导，也可以使用查询设计器。

4.2.3 交叉表查询

交叉表查询通常以一个字段作为表的行标题，以另一个字段的取值作为列标题，在行和列的交叉点单元格处获得数据的汇总信息，以达到数据统计的目的。交叉表查询既可以通过交叉表查询向导来创建，也可以在设计视图中创建。

4.2.4 参数查询

参数查询是一种动态查询，可以在每次运行查询时输入不同的条件值，系统根据给定的参数值确定查询结果，而参数值在创建查询时不需定义。这种查询完全由用户控制，在一定程度上可以适应应用变化的需要，提高查询效率。参数查询一般创建在选择查询基础上，在运行查询时会出现一个或多个对话框，要求输入查询条件。由于参数的随机性，使查询结果有很大的灵活性，因此常常成为窗体、报表等对象的数据基础。

根据查询中参数个数的不同，参数查询可以分为单参数查询和多参数查询。

4.2.5 操作查询

前面介绍的查询是根据一定的条件，从已有的数据源中选择满足特定准则的数据，形成一个动态集。将已有的数据源再组织或增加新的统计结果，这种查询方式不改变数据源中的数据。

操作查询是在选择查询的基础上创建的,可以对表中的记录进行追加、修改、删除和更新。操作查询包括生成表查询、追加查询、更新查询和删除查询。

4.2.5.1 生成表查询

生成表查询可以使查询的运行结果以表的形式存储,生成一个新表,这样就可以利用一个或多个表,或已知的查询再创建表,从而使数据库中的表可以创建新表,实现数据资源的多次利用及重组数据集合。生成表查询可以使原有的数据资源扩大或合理改善。

4.2.5.2 追回查询

追加查询可以从一个或多个表将一组记录追加到一个或多个表的尾部,可以大大提高数据输入的效率。

4.2.5.3 更新查询

在数据库操作中,如果只对表中的少量数据进行修改,可以直接在表操作环境下,手工修改。如果需要成批修改数据,可以使用系统提供的更新查询功能来实现。更新查询可以对一个或多个表中符合查询条件的数据进行批量修改。

4.2.5.4 删除查询

删除查询可以从表中删除无用数据。使用删除查询,将删除整条记录,而非只删除记录中的字段值。记录一经删除将不能恢复,因此,在删除记录前要做好数据备份。删除查询设计完成后,需要运行查询才能将需要删除的记录删除。

4.2.6 查询条件的设置

在实际应用中,经常查询满足某个条件的记录,可以在查询时设置查询条件。例如,查询所有"男同学"的记录、查询职称为"教授"的教师的信息等。通过在查询设计视图中设置条件,可以实现条件查询。

查询中的条件通常使用关系运算符、逻辑运算符和一些特殊运算符来表示。

4.2.6.1 关系运算

关系运算符由">"">=""<""<="" = "和"< >"等符号构成(见表4-1),主要用于数据之间的比较,其运算结果为逻辑值,即"真"和"假"。

表4-1 关系运算符

关系运算符	含义
>	大于
>=	大于等于

续表

关系运算符	含义
<	小于
<=	小于等于
=	等于
<>	不等于

4.2.6.2 逻辑运算

逻辑运算符由 Not、And 和 Or 构成,主要用于多个条件的判定,其运算结果是逻辑值,如表 4-2 所示。

表 4-2 逻辑运算符

关系运算符	含义
Not	逻辑非
And	逻辑与
Or	逻辑或

4.2.6.3 其他运算

Access 2010 提供了一些特殊运算符,用于对记录进行过滤,常用的特殊运算符如表 4-3 所示。

表 4-3 特殊运算符

关系运算符	含义
In	指定值属于列表中所列出的值
Between…and…	指定值的范围在……到……之间
Is	与 null 一起使用确定字段值是否为空值
Like	用通配符查找文本型字段是否与其匹配。通配符"?"匹配任意单个字符;"*"匹配任意多个字符;"!"不匹配指定的字符;[字符列表]匹配任何在列表中的单个字符

在查询设计视图中,设置查询条件应使用 QBE 网格中的条件选项来设置。首先选择需设置条件的字段,然后在"条件"文本框中输入条件。条件的输入格式与表达式的格式略有不同,通常省略字段名。

如果有多个条件,且涉及不同的字段,则分别设置相应字段的条件。如果两个条件之间用 And 运算符连接,则输入的信息放在同一行中;如果两个条件之间用 Or 运算符连接,则输入的信息放在不同行中。

4.2.7 查询中的计算与统计

在设计选择查询时,除了进行条件设置外,还可以进行计算和分类汇总。例如,计算学生的年龄、计算教师的工龄、统计教师的工资等,都需要在查询设计时使用表达式及查询统计功能。

4.2.7.1 表达式

用运算符将常量、变量、函数连接起来的式子称为表达式,表达式计算将产生一个结果。可以利用表达式在查询中设置条件或定义计算字段。

Access 2010 系统提供了算术运算、关系运算、字符运算和逻辑运算 4 种基本运算表达式。

4.2.7.2 系统函数

函数是一个预先定义的程序模块,包括标准函数和用户自定义函数。

标准函数可分为数学函数、字符串处理函数、日期/时间函数、聚合函数等。函数及功能列表如表 4－4 所示。

表 4－4 标准函数

函数名称	功能
Sum	计算指定字段值的总和
Avg	计算指定字段值的平均值
Max	计算指定字段值的最大值
Min	计算指定字段值的最小值
Count	计算指定字段值的计数。当字段中的值为空(null)时,将不计算在内
First	返回指定字段的第一个值
Last	返回指定字段的最后一个值

4.2.8 SQL 语句的选择查询

SQL(Structured Query Language)结构化查询语言是标准的关系型数据库语言。SQL 语言的功能包括数据定义、数据查询、数据操纵和数据控制 4 个部分。

SQL 查询是使用 SQL 语言创建的一种查询。每个查询都对应着一个 SQL 查询命令。当用户使用查询向导或查询设计器创建查询时,系统会自动生成对应的 SQL 命令,可以在 SQL 视图中查看。除此之外,用户还可以直接通过 SQL 视图窗口输入 SQL 命令来创建查询。

使用 SQL 语句创建查询的操作步骤如下:

（1）打开数据库，选择"创建"选项卡的"查询"组，单击"查询设计"按钮，打开"查询设计器"窗口。

（2）单击"创建"选项卡的"SQL"按钮，切换到 SQL 视图。

（3）运行或者保存查询。

使用 SQL 语句创建选择查询使用 Select 语句，语法如下：

Select［All|Distinct］＜字段名 1＞［，＜字段名 2＞…］

From ＜表或查询＞

［Inner Join ＜表或查询＞ On ＜条件表达式＞］

［Where ＜条件表达式＞］

［Group By ＜分组字段名＞ Having ＜条件表达式＞］

［Order By ＜字段名＞［Asc|Desc］

其中：

All：查询结果返回全部记录集。

Distinct：查询结果是不包含重复行的记录集。

Inner Join ＜表或查询＞ on ＜条件表达式＞：查询结果是多表数据源组成的记录集。

Where ＜条件表达式＞：查询结果是数据源中满足＜条件表达式＞的记录集。

Group By ＜分组字段名＞：查询结果是数据源按字段分组的记录集。

Having ＜条件表达式＞：分组时满足＜条件表达式＞。

Order By ＜字段名＞：查询结果按照字段排序，Asc 为升序，Desc 为降序。

【例 4 – 1】在教学管理数据库中，使用教师表查询所有教师的教师编号、姓名、性别和出生日期。

SQL 语句为：

Select 教师编号，姓名，性别，出生日期

From 教师

运行查询得到结果如图 4 – 1 所示。

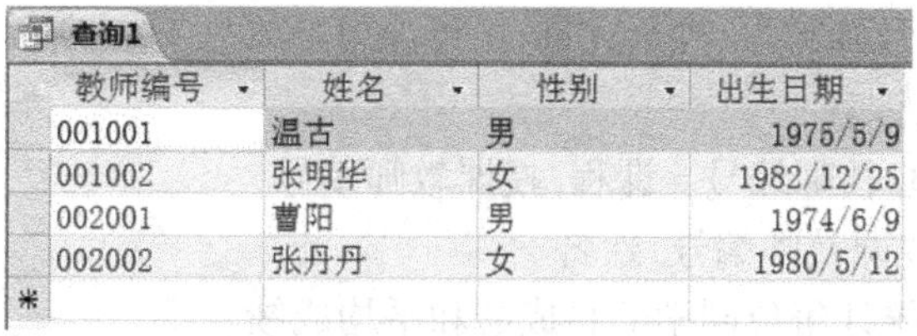

教师编号	姓名	性别	出生日期
001001	温古	男	1975/5/9
001002	张明华	女	1982/12/25
002001	曹阳	男	1974/6/9
002002	张丹丹	女	1980/5/12

图 4 – 1 SQL 查询结果

【例4-2】使用教师表和课程表查询所有教师所授课程的学分和学时。
SQL语句为：
Select 教师编号,姓名,课程名称,学分,学时
From 教师 Inner Join 课程
On 教师.教师编号 = 课程.授课教师编号
也可以写成：
Select 教师编号,姓名,课程名称,学分,学时
From 教师,课程
Where 教师.教师编号 = 课程.授课教师编号

【例4-3】使用教师表和课程表查询张明华所授课程的学分和学时。
SQL语句为：
Select 教师编号,姓名,课程名称,学分,学时
From 教师 Inner Join 课程
On 教师.教师编号 = 课程.授课教师编号
Where 姓名 = "张明华"
也可以写成：
Select 教师编号,姓名,课程名称,学分,学时
From 教师,课程
Where 教师.教师编号 = 课程.授课教师编号 And 姓名 = "张明华"

【例4-4】查询所有学生的选课信息,显示学号、姓名、课程名称和成绩,并按照成绩降序排列。
SQL语句为：
Select 学生.学号,姓名,课程名称,成绩
From 学生,选修,课程
Where 学生.学号 = 选修.学号 And 选修.课程编号 = 课程.课程编号
Order by 成绩 Desc

【例4-5】使用课程表统计每位教师授课门数。
SQL语句为：
Select 授课教师编号,姓名,Count(授课教师编号) As 所授课程门数
From 教师,课程
Where 教师.教师编号 = 课程.授课教师编号
Group By 授课教师编号,姓名

【例4-6】统计每位同学的总成绩和平均成绩。
SQL语句为：
Select 学生.学号,姓名,Sum(成绩) As 总成绩,Avg(成绩) As 平均成绩

From 学生,选修

Where 学生.学号 = 选修.学号

Group By 学生.学号,姓名

【例4-7】查询选修了课程但是没有参加考试的学生的学号、姓名和课程名称。

SQL 语句为:

Select 学生.学号,姓名,课程名称

From 学生,课程,选修

Where 学生.学号 = 选修.学号 And 课程.课程编号 = 选修.课程编号 And 成绩 Is Null

其中,成绩 Is Null 用来判断成绩是否为空。如果成绩为空,说明学生选修了该课程但是没有成绩。

4.2.9 SQL 语句之操作查询

创建操作查询的 SQL 语句有以下 3 种形式:

(1)插入语句。

Insert Into <表名>(字段名1[,字段名2…])

Values(表达式1[,表达式2…])

(2)更新语句。

Update <表名> Set <字段名1> = <表达式>[,<字段名2> = <表达式>…][Where <条件>]

(3)删除语句。

Delete from <表名>[Where <条件>]

【例4-8】使用 SQL 语句,给教师备份表增加一个新记录,其内容是("111111","张三","男","1990-1-1")。

SQL 语句为:

Insert Into 教师备份(教师编号,姓名,性别,出生日期)

Values("111114","张三","男","1990/1/15")

【例4-9】使用 SQL 语句,将教师备份表中张丹丹的工资修改为 6 000。

SQL 语句为:

Update 教师备份 Set 工资 = 6000

Where 姓名 = "张丹丹"

【例4-10】使用 SQL 语句,将教师备份表中教师编号为 001002 的记录删除。

SQL 语句为:

Delete From 教师备份 Where 教师编号 = "001002"

4.2.10 SQL 语句之创建数据定义查询

创建数据定义查询的 SQL 语句有以下几种形式：

（1）创建表。

Create Table ＜表名＞（[＜字段名 1＞] 类型（长度）[, [＜字段名 2＞] 类型（长度）…]）

其中：

①文本型：Text。

②长整型：Integer。

③双精度型：Float。

④货币型：Money。

⑤日期型：Date。

⑥逻辑型：Logical。

⑦备注型：Memo。

⑧OLE 型：General。

（2）增加字段。

Alter Table ＜表名＞

Add [＜字段名 1＞] 类型（长度）[, [＜字段名 2＞] 类型（长度）…]

（3）修改字段。

Alter Table ＜表名＞

Alter [＜字段名 1＞] 类型（长度）[, [＜字段名 2＞] 类型（长度）…]

（4）删除字段。

Drop Table ＜表名＞

Drop [＜字段名 1＞] 类型（长度）[, [＜字段名 2＞] 类型（长度）…]

（5）删除表。

Droptable ＜表名＞

【例 4-11】使用 SQL 语句创建一个表 Test，字段包括编号（文本型，长度为 6）、姓名（文本型，长度为 20）、出生日期（日期型）、销售额（双精度型）。

SQL 语句为：

Create Table Test（编号 Text（6），姓名 Text（20），出生日期 Date，销售额 Float）

【例 4-12】使用 SQL 语句，给 Test 表增加一个照片字段，类型为 OLE 型。

SQL 语句为：

Alter Table Test Add 照片 General

【例 4 – 13】使用 SQL 语句,将 Test 表的销售额字段修改为 Money 类型。
SQL 语句为:
Alter Table Test Alter 销售额 Money
【例 4 – 14】使用 SQL 语句,将 Test 表的销售额字段删除。
SQL 语句为:
Alter Table Test Drop 销售额
【例 4 – 15】使用 SQL 语句,将 Test 表删除。
SQL 语句为:
Drop Table Test

4.3 项目实施

4.3.1 任务 1:使用向导查询教师基本信息

在教学管理数据库中,使用简单查询向导查询教师的基本信息。
操作步骤如下:
(1)打开"教学管理"数据库,选择"创建"选项卡中的"查询"组,单击"查询向导"按钮,打开"新建查询"窗口,选择"简单查询向导"选项,如图 4 – 2 所示。

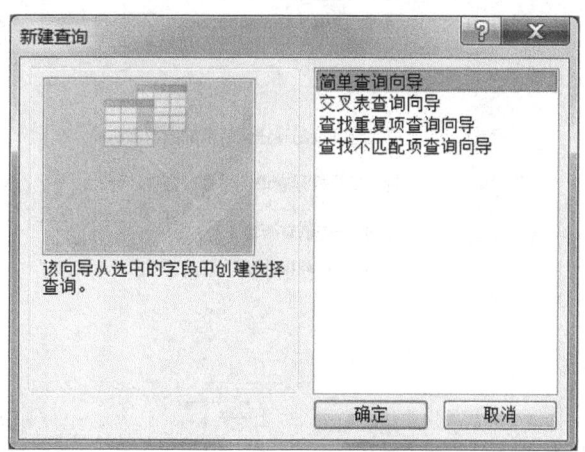

图 4 – 2 新建查询向导

(2)单击"确定"按钮,打开"简单查询向导"窗口。在"表/查询"下拉列表框中选择"教师"表,并把前 5 个字段添加到"选定字段"列表框中,如图 4 – 3 所示。

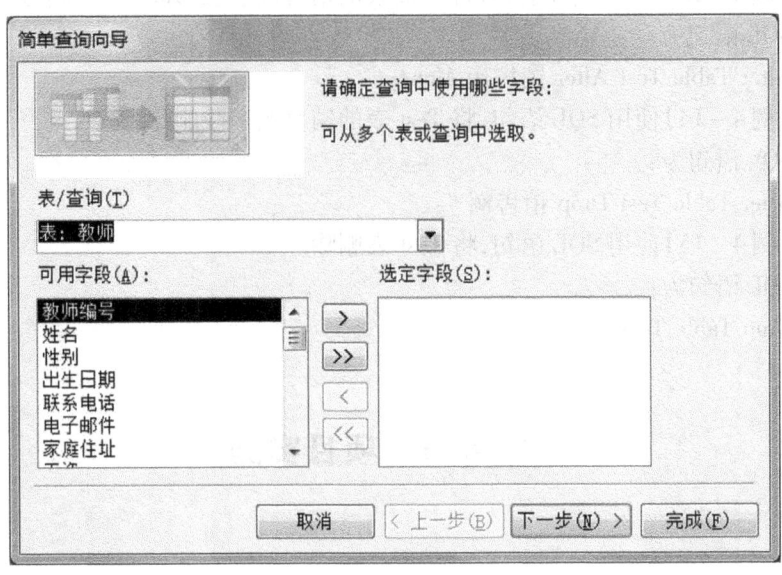

图4-3 选择字段

(3)单击"确定"按钮,打开"请为查询指定标题"对话框,如图4-4所示。

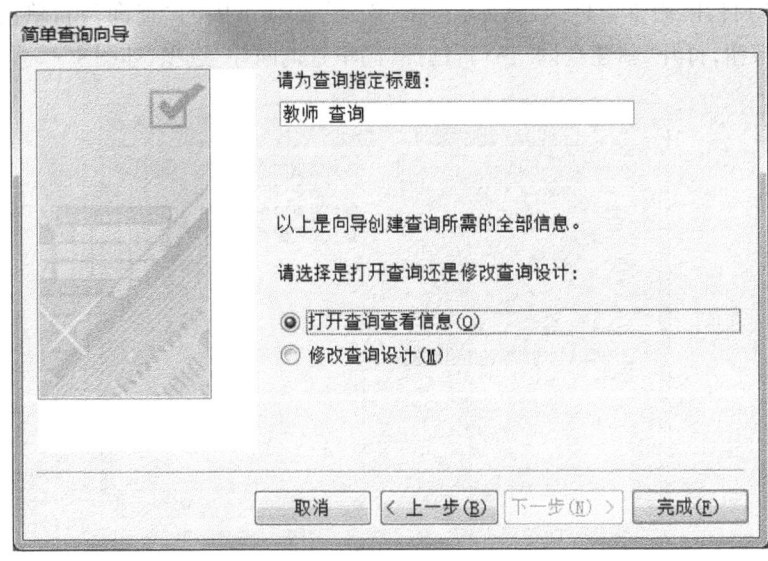

图4-4 指定查询标题

(4)输入查询名称"教师基本信息查询向导",单击"完成"按钮,显示查询结果,如图4-5所示。

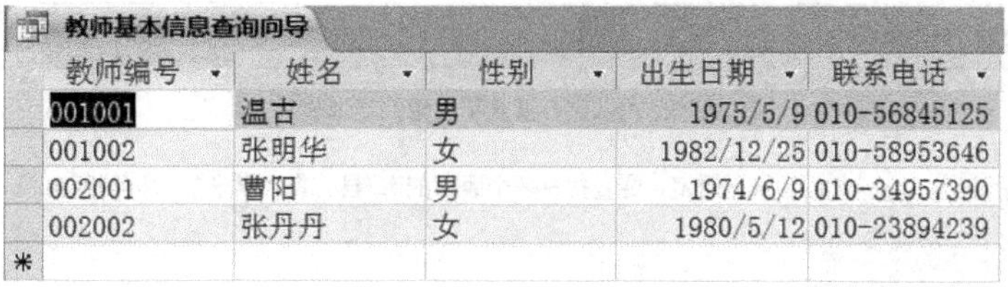

教师编号	姓名	性别	出生日期	联系电话
001001	温古	男	1975/5/9	010-56845125
001002	张明华	女	1982/12/25	010-58953646
002001	曹阳	男	1974/6/9	010-34957390
002002	张丹丹	女	1980/5/12	010-23894239

图4-5 查询结果

说明：如果选择的字段中有数字类型的，还可以对数字类型的字段进行汇总计算。

4.3.2 任务2：查询选修两门或以上课程的学生成绩

在教学管理数据库中，使用"查找重复项查询向导"查询选修两门或以上课程的学生的成绩。

操作步骤如下：

（1）打开"教学管理"数据库，选择"创建"选项卡中的"查询"组，单击"查询向导"按钮，打开"新建查询"窗口，选择"查找重复项查询向导"选项，如图4-6所示。

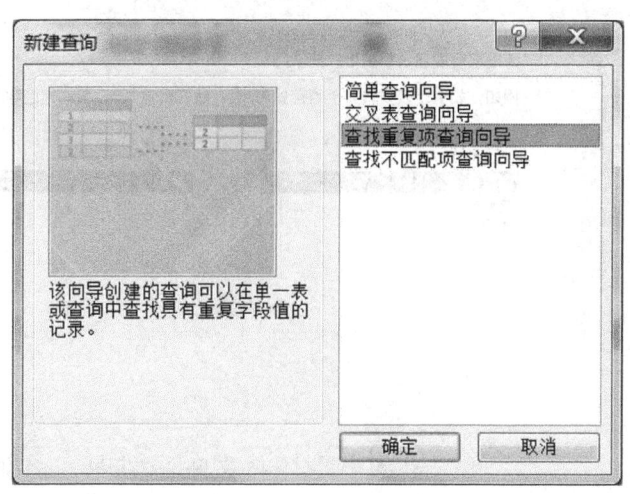

图4-6 查找重复项查询向导

（2）单击"确定"按钮，打开"查找重复项查询向导"窗口，选择"选修"表，如图4-7所示。

（3）单击"下一步"按钮，打开"请确定可能包含重复信息的字段"对话框，

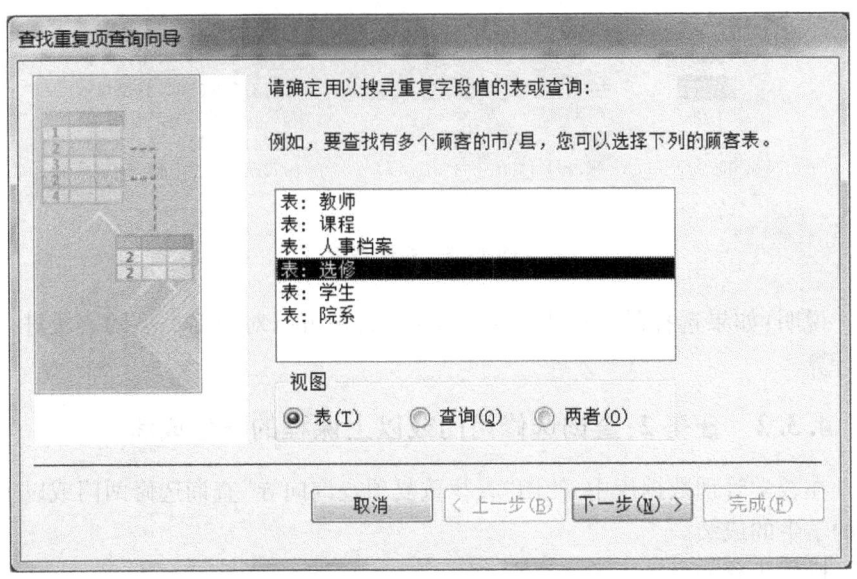

图4-7 选择数据源

选择"学号"字段,如图4-8所示。

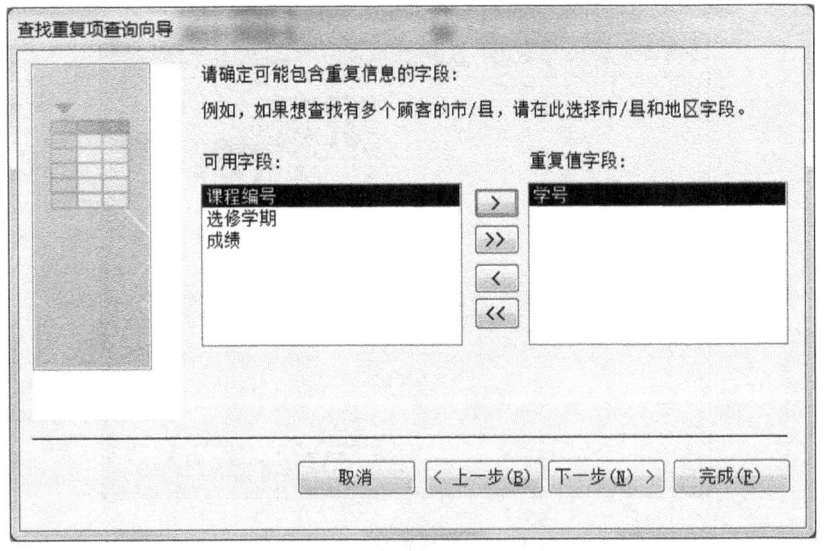

图4-8 选择重复值字段

(4)单击"下一步"按钮,打开"请确定查询是否显示除带有重复值的字段之外的其他字段"对话框,选择"课程编号"和"成绩"字段,如图4-9所示。

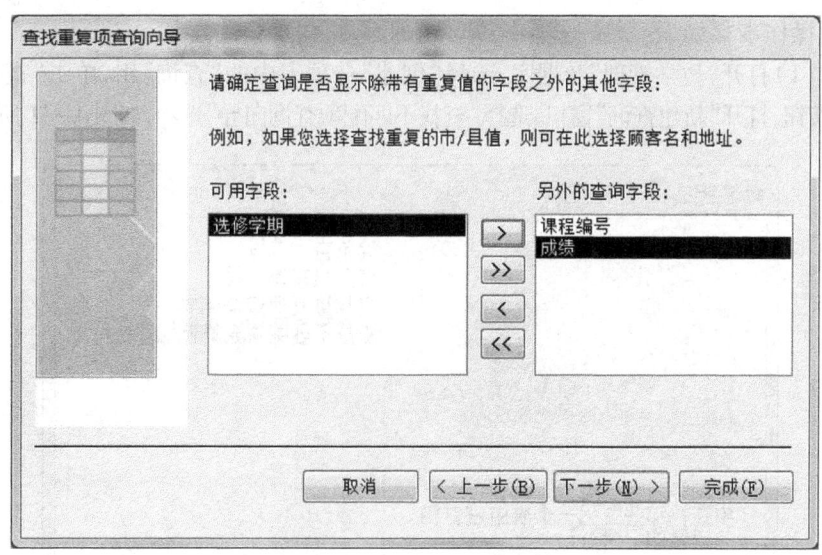

图4-9 选择其他字段

(5)单击"下一步"按钮,输入查询名称"选修多门课程的学生成绩重复项查询向导",单击"完成"按钮,显示查询结果,如图4-10所示。

学号	课程编号	成绩
2013001	001	85
2013001	003	79
2013001	002	88
2013002	001	75
2013002	002	75
2013003	002	86
2013003	001	68
2013004	005	96
2013004	001	90
2013005	005	88
2013005	001	50

图4-10 查询结果

4.3.3 任务3:查询无学生选修的课程

在教学管理数据库中,使用查找不匹配项查询向导查询无学生选修的课程。

操作步骤如下：

(1)打开"教学管理"数据库,选择"创建"选项卡中的"查询"组,单击"查询向导"按钮,打开"新建查询"窗口,选择"查找不匹配项查询向导"选项,如图4–11所示。

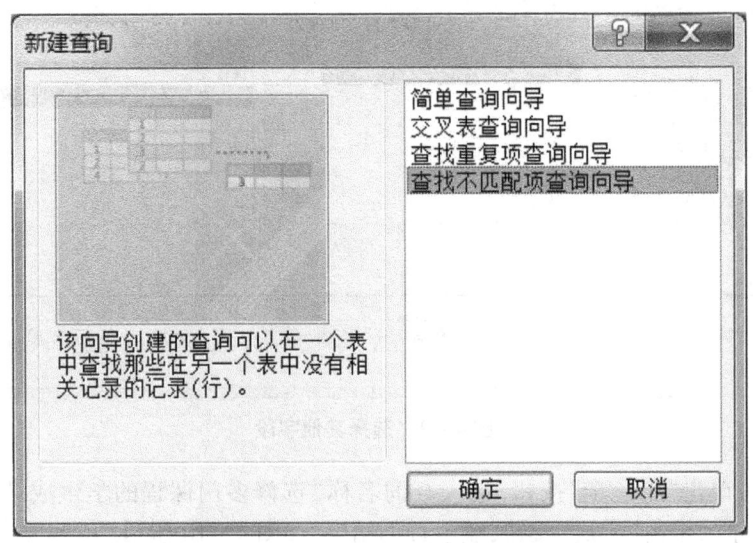

图4–11　查找不匹配项查询向导

(2)单击"确定"按钮,打开"查找不匹配项查询向导"窗口,选择"课程"表,如图4–12所示。

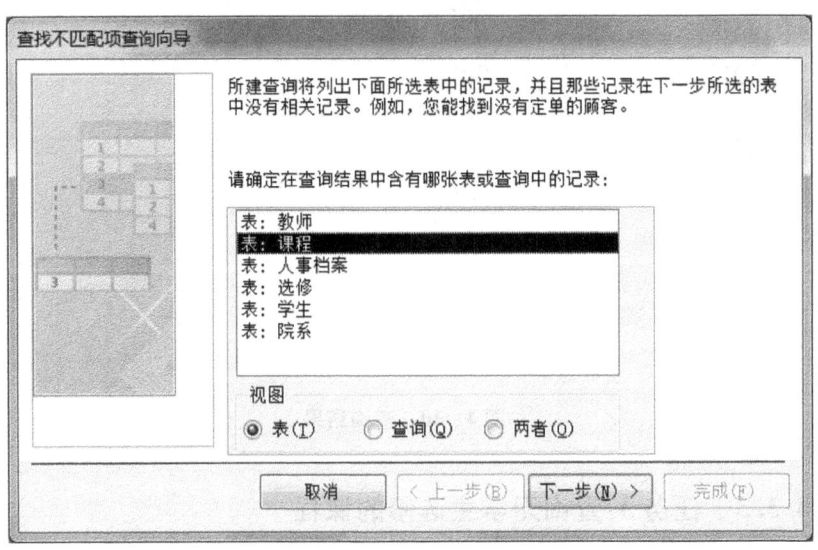

图4–12　选择不匹配项的数据源

(3)单击"下一步"按钮,打开"查找不匹配项查询向导"窗口,选择"选修"表,如图 4-13 所示。

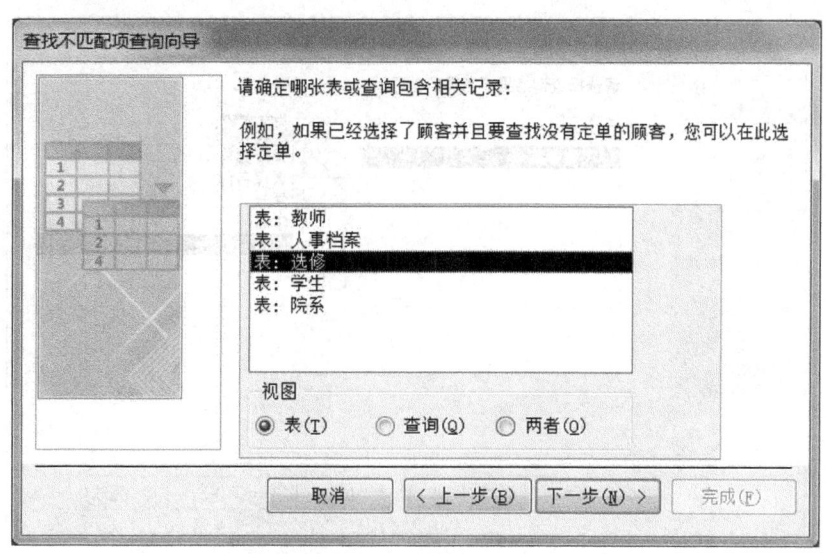

图 4-13 选择相关数据源

(4)单击"下一步"按钮,打开"查找不匹配项查询向导"窗口,选择匹配字段,如图 4-14 所示。

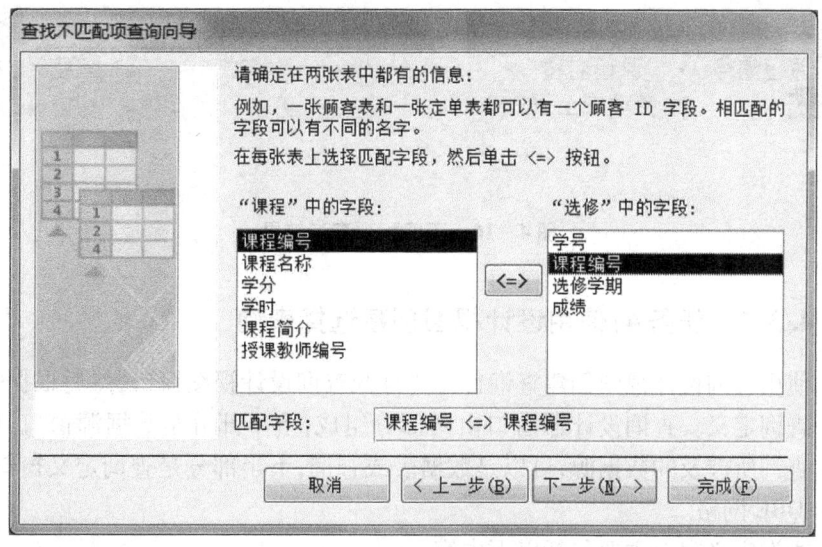

图 4-14 选择匹配字段

(5)单击"下一步"按钮,打开"查找不匹配项查询向导"窗口,选择要显示的字段,如图4-15所示。

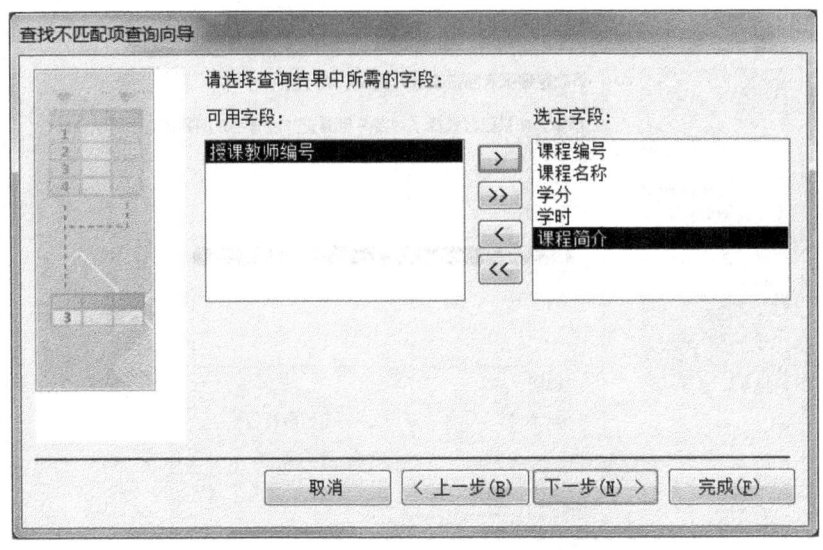

图4-15 选择显示字段

(6)单击"下一步"按钮,输入查询名称"无学生选修课程(不匹配项查询向导)",单击"完成"按钮,显示查询结果,如图4-16所示。

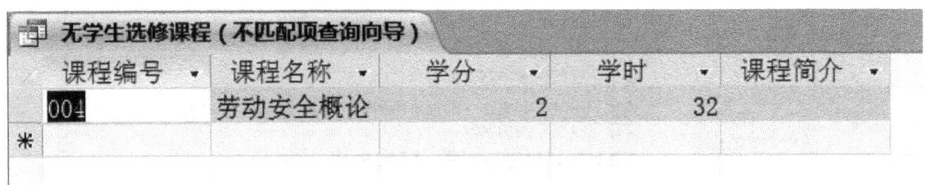

图4-16 不匹配项查询结果

4.3.4 任务4:使用设计视图创建选择查询

使用查询设计视图创建查询首先要打开查询设计视图窗口,然后根据需要进行查询定义。查询设计器窗口由两部分组成:上半部分是数据源窗口,用于显示查询所涉及的数据源,可以是数据表或查询;下半部分是查询定义窗口,也称为QBE网格。

查询定义窗口主要包括以下内容:

(1)字段。查询结果中所显示的字段。

(2)表。查询的数据源,即查询结果中字段的来源。
(3)排序。查询结果中相应字段的排序方式。
(4)显示。当相应字段的复选框被选中时,则在结构中显示,否则不显示。
(5)条件。即查询条件,同一行中的多个准则之间是逻辑"与"的关系。
(6)或。查询条件,表示多个条件之间是"或"的关系。
使用查询设计视图查询教师的编号、姓名、所授课程、学分、学时。
操作步骤如下:
(1)打开"教学管理"数据库,选择"创建"选项卡中的"查询"组,单击"查询设计"按钮,打开查询设计器窗口,在"显示表"对话框中选择"教师"表和"课程"表双击,将其添加到查询设计视图的数据源窗口中,如图4-17所示。

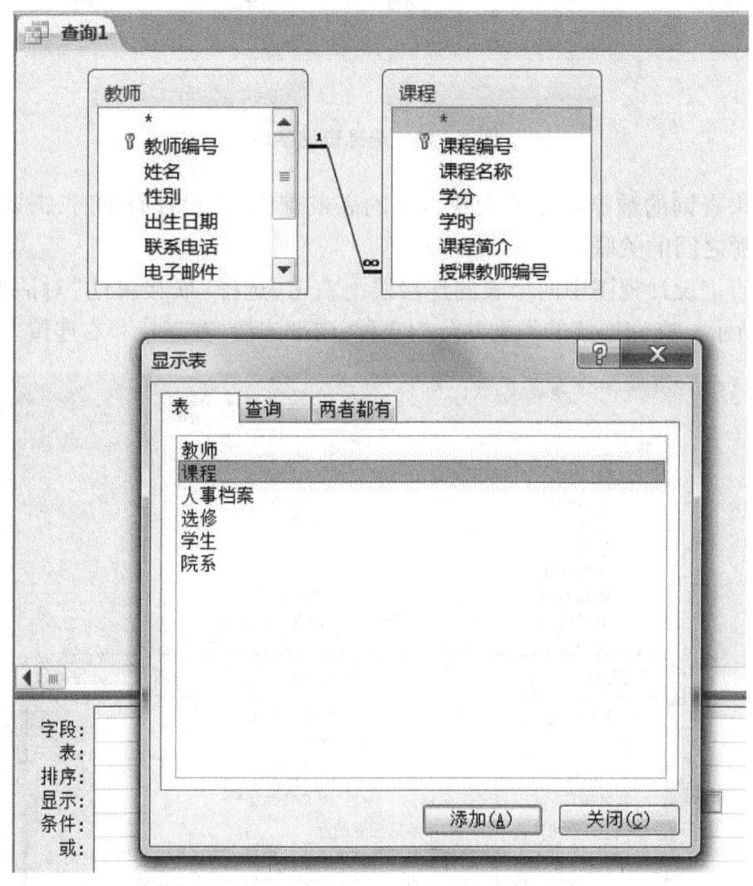

图4-17 选择教师和课程表

(2)通过字段下拉列表按钮选择字段"教师编号"、"姓名"、"课程名称"、"学分"和"学时",这些字段将显示在查询定义窗口中,如图4-18所示。保存查询"教师授课信息查询",完成查询的创建。单击"运行"按钮,将显示查询结果。

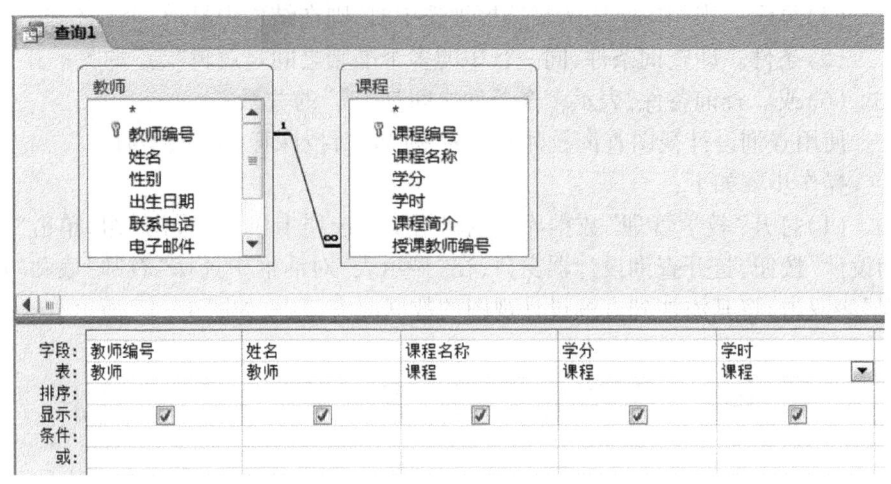

图4-18 选择查询字段

如果查询的数据源是两个或以上的表或查询,在设计查询时,需要事先创建数据源之间的关联关系。

在查询设计视图中两个表的连接线上右击,选择"联接属性"对话框,如图4-19所示。查询连接的类型共分为3种:内部连接、左连接和右连接。

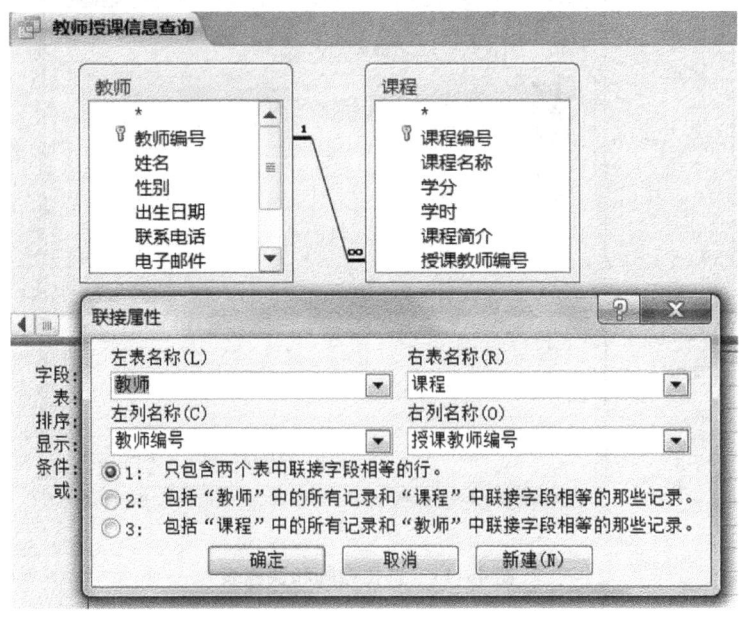

图4-19 联接类型

（1）内部连接。内部连接是指将两个表中连接字段相等的记录提取出来进行合并,从中选取所需要的字段形成一条记录,显示在查询结果中。内部连接是系统默认的连接类型。

（2）左连接。左连接是指取左表中的所有记录和右表中连接字段相等的记录作为查询结果。

（3）右连接。右连接是指取右表中的所有记录和左表中连接字段相等的记录作为查询结果。

如果查询中使用的表或查询之间没有建立连接关系,那么,查询将以笛卡尔积的形式产生查询结果。也就是说,一个表的每一条记录和另一个表的所有记录连接构成新的记录,这样就会在查询结果中产生大量没有意义的数据。

4.3.5 任务5:使用交叉表查询教师学历的获取时间

在教学管理数据库中,使用交叉表查询向导查询教师学历的获取时间。

操作步骤如下:

(1)打开"教学管理"数据库,选择"创建"选项卡中的"查询"组,单击"查询向导"按钮,打开"新建查询"窗口,选择"交叉表查询向导"选项,如图4-20所示。

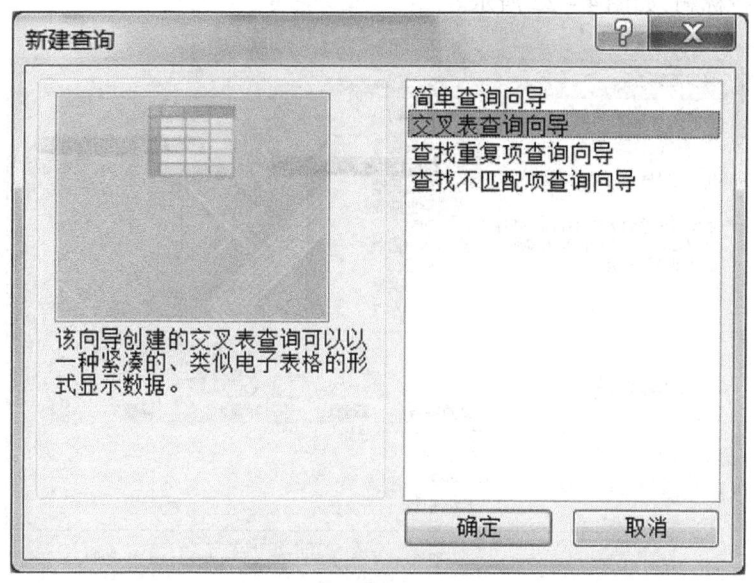

图4-20 交叉表查询向导

(2)单击"确定"按钮,打开"交叉表查询向导"窗口。选择"人事档案"表,如图4-21所示。

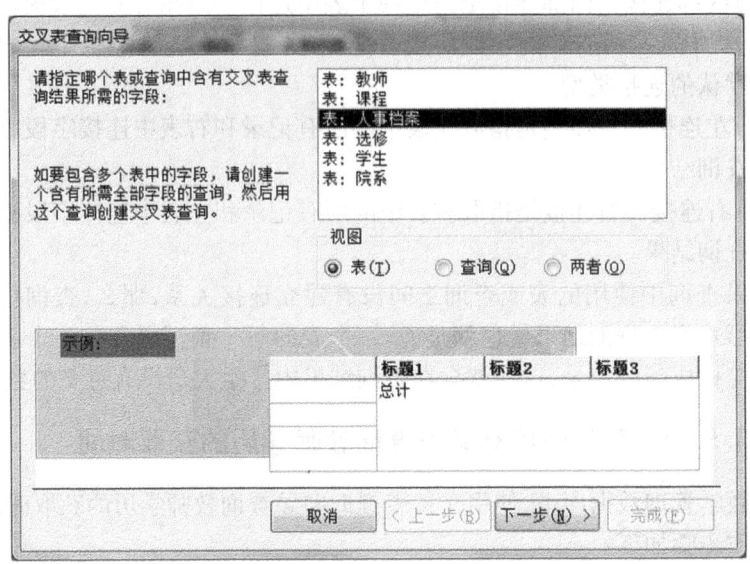

图 4-21 选择数据表

(3)单击"下一步"按钮,打开"交叉表查询向导"窗口。选择"教师编号"字段作为行标题,如图 4-22 所示。

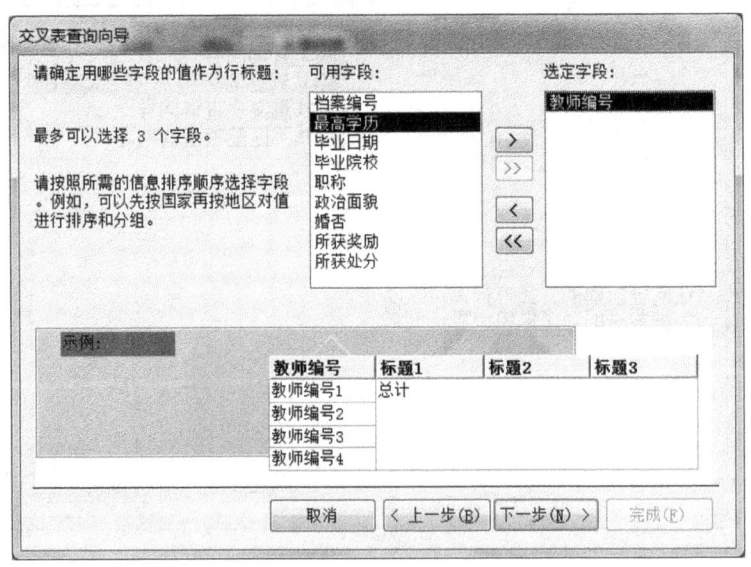

图 4-22 选择行标题字段

(4)单击"下一步"按钮,打开"交叉表查询向导"窗口。选择"最高学历"字段作为列标题,如图4-23所示。

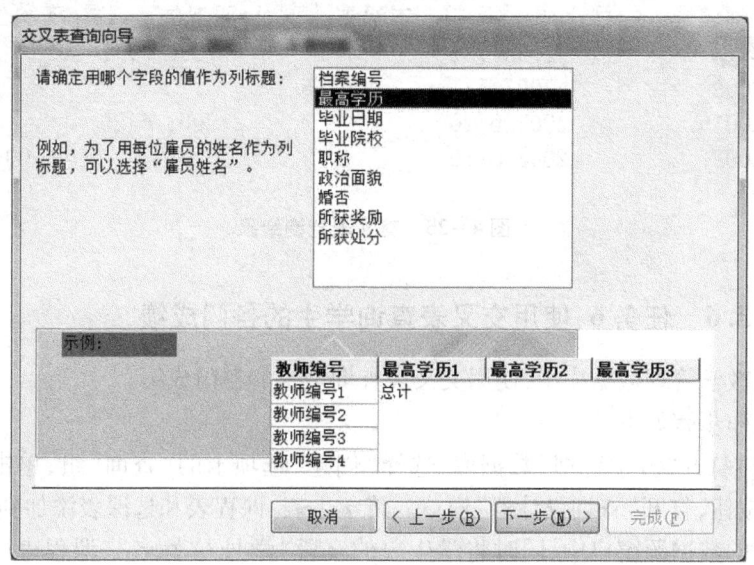

图4-23　选择列标题字段

（5）单击"下一步"按钮,打开"交叉表查询向导"窗口。选择"毕业日期"字段作为行和列的交叉点,并选择"First"函数,如图4-24所示。

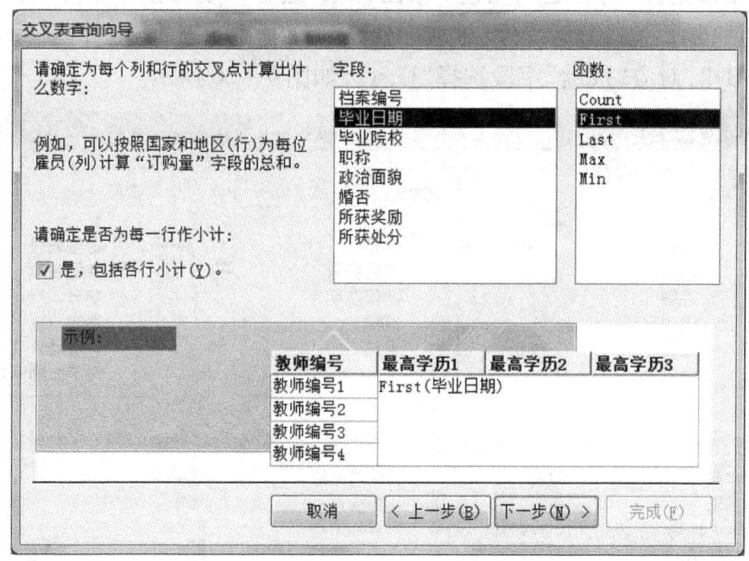

图4-24　选择行和列的交叉点

（6）单击"下一步"按钮,输入查询名称"学历获取时间（交叉表查询向导）",单击"完成"按钮,显示查询结果,如图4-25所示。

学历获取时间（交叉表查询向导）				
教师编号	总计 毕业日	本科生	研究生	专科生
001001	2005/7/1		2005/7/1	
001002	2007/5/1	2007/5/1		
002001	2003/6/20		2003/6/20	
002002	2008/6/30			2008/6/30

图4-25　交叉表查询结果

4.3.6　任务6：使用交叉表查询学生的各门成绩

在教学管理数据库中，使用交叉表查询学生的各门成绩。

操作步骤如下：

（1）打开"教学管理"数据库，选择"创建"选项卡的"查询"组，单击"查询设计"按钮，打开"查询设计器"窗口。将学生表、课程表和选课表添加到查询设计视图的数据源窗口中，同时将学生表的字段"学号""姓名"、课程表中的"课程名称"以及选课表的字段"成绩"添加到查询定义窗口中。

（2）选择"查询工具"选项卡的"查询类型"组，单击"交叉表"按钮，查询定义窗口中将出现"总计"和"交叉表"行。首先，在"交叉表"行，对应"学号"和"姓名"字段选择"行标题"，对应"课程名称"选择"列标题"，对应"成绩"字段选择"值"；然后在"总计"行，对应"学号"、"姓名"和"课程名称"字段选择"Group By"，对应"成绩"字段选择"First"，如图4-26所示。

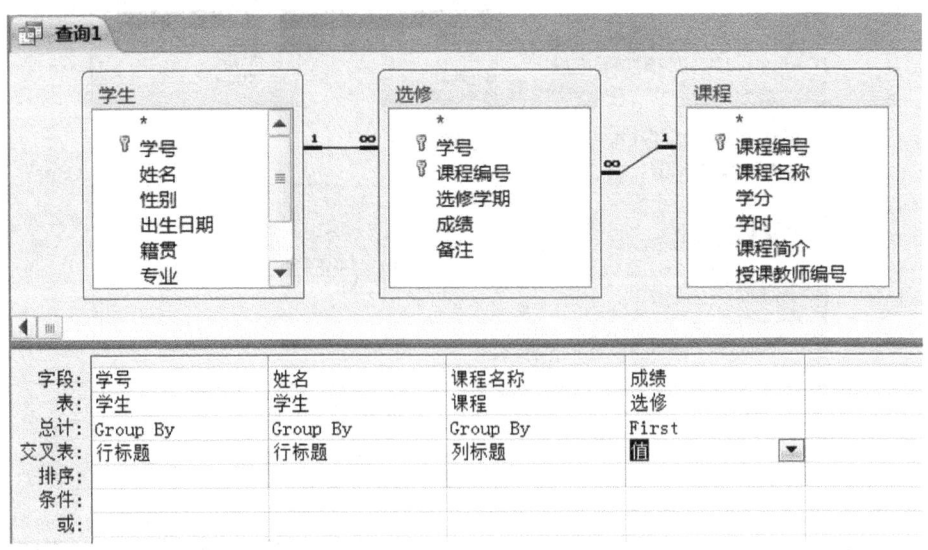

图4-26　交叉表查询设计界面

(3)保存查询为"学生各项成绩交叉表查询"并运行,运行结果如图4-27所示。

学号	姓名	古诗鉴赏	计算机基础	数据结构	数据库
2013001	张明珠		85	79	88
2013002	吴浩楠		75		75
2013003	张昊明		68		86
2013004	温雅	96	90		
2013005	李小荷	88	50		
2013006	刘何勇		92		

图4-27 交叉表查询运行结果

4.3.7 任务7:按照姓名查询学生的所有信息

在教学管理数据库中,按照姓名查询学生的所有信息。

操作步骤如下:

(1)打开"教学管理"数据库,选择"创建"选项卡的"查询"组,单击"查询设计"按钮,打开"查询设计器"窗口。将学生表添加到查询设计视图的数据源窗口中,将所有字段添加到查询定义窗口中。

(2)对应"姓名"字段,在"条件"行输入"[学生姓名]",保存查询为"按照姓名查询学生信息",如图4-28所示。

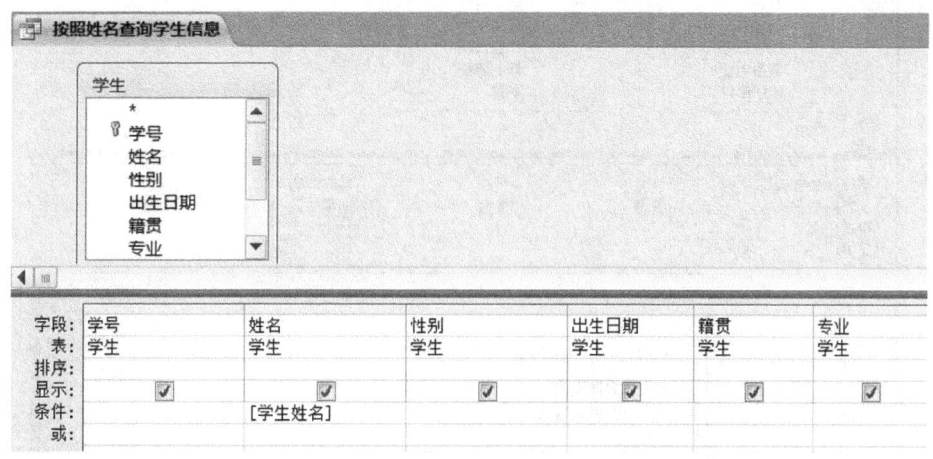

图4-28 参数查询设计界面

(3)运行查询,输入"张明珠",显示结果如图4-29所示。

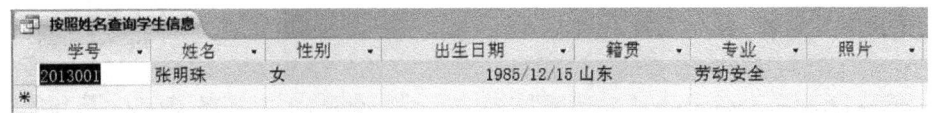

图 4-29　参数查询运行结果

4.3.8　任务 8：使用生成表查询创建新表

在教学管理数据库中，根据教师表和人事档案表创建一个新表：教师档案表（教师编号、姓名、性别、最高学历、毕业院校）。

操作步骤如下：

（1）打开"教学管理"数据库，选择"创建"选项卡的"查询"组，单击"查询设计"按钮，打开"查询设计器"窗口。将教师表和人事档案表添加到查询设计视图的数据源窗口中，将所需字段添加到查询定义窗口中。

（2）选择"查询工具"选项卡的"查询类型"组，单击"生成表"按钮，在弹出的"生成表"对话框中输入新表名称"教师档案"，并选中"当前数据库"单选按钮，如图 4-30 所示。

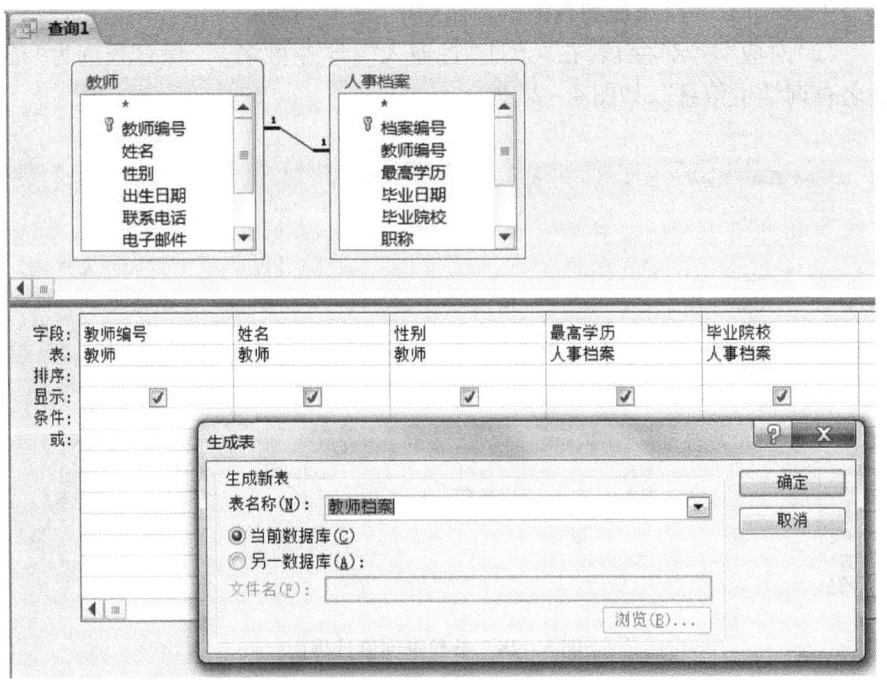

图 4-30　生成新表查询设计

(3)单击"确定"按钮,并单击"运行"按钮,会弹出对话框提示向新表粘贴数据,如图4-31所示。

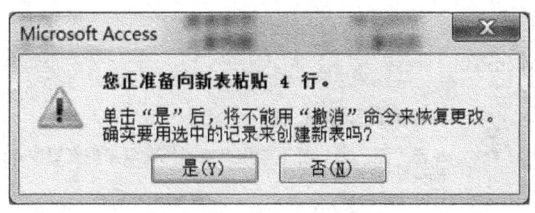

图4-31 粘贴数据提示框

(4)单击"是"按钮,将在数据库中生成一个新表"教师档案",打开该表,内容显示如图4-32所示。

教师编号	姓名	性别	最高学历	毕业院校
001001	温古	男	研究生	北京大学
001002	张明华	女	本科生	清华大学
002001	曹阳	男	研究生	北京师范大学
002002	张丹丹	女	专科生	人民大学

图4-32 新表内容

4.3.9 任务9:使用追加查询向空表追加数据

在教学管理数据库中,创建一个与教师表结构完全一样的空表"教师备份",将教师表中的记录添加到该表中。

操作步骤如下:

(1)打开"教学管理"数据库,复制教师表结构,保存为"教师备份"。

(2)选择"创建"选项卡的"查询"组,单击"查询设计"按钮,打开"查询设计器"窗口。将教师表添加到查询设计视图的数据源窗口中,在字段中选择"教师.*"。

(3)选择"查询工具"选项卡的"查询类型"组,单击"追加"按钮,在弹出的追加对话框中输入"教师备份",如图4-33所示。

图4-33 追加对话框

(4)单击"确定"按钮,并单击"运行"按钮,会弹出对话框,如图 4－34 所示。

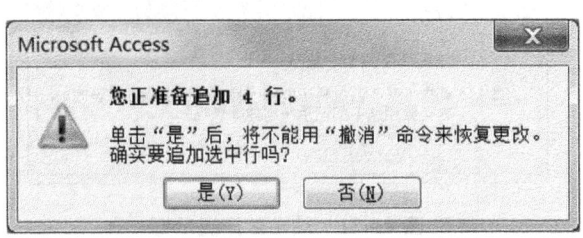

图 4－34　追加数据对话框

(5)单击"是"按钮,把教师表中的记录追加到教师备份表中,打开该表,内容显示如图 4－35 所示。

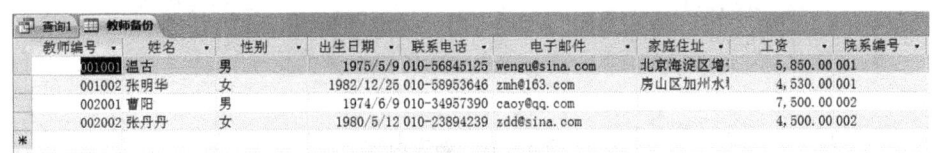

图 4－35　生成新表内容

4.3.10　任务 10:给教师涨工资

在教学管理数据库中,将教师备份表中的"工资"字段增加 500。

操作步骤如下:

(1)打开"教学管理"数据库,选择"创建"选项卡的"查询"组,单击"查询设计"按钮,打开"查询设计器"窗口。将教师备份表添加到查询设计视图的数据源窗口中。

(2)选择"查询工具"选项卡的"查询类型"组,单击"更新"按钮,在字段中选择"工资"。对应"工资"字段,在"更新到"行输入"[工资]+500",如图 4－36 所示。

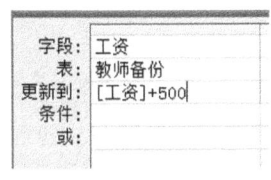

图 4－36　更新查询设计界面

(3)单击"运行"按钮,会弹出对话框,如图 4 – 37 所示。

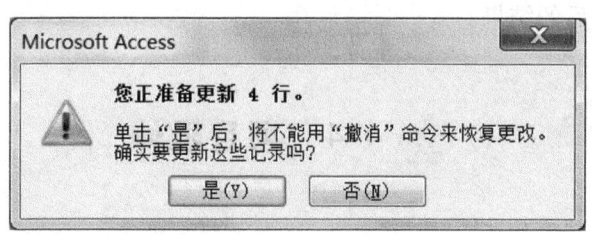

图 4 – 37　更新数据对话框

(4)单击"是"按钮,将会把教师备份表中的"工资"字段在原有的数据上增加 500,请读者自行打开表进行查看。

4.3.11　任务 11:删除男教师

在教学管理数据库中,将教师备份表中的男教师删除。
操作步骤如下:

(1)打开"教学管理"数据库,选择"创建"选项卡的"查询"组,单击"查询设计"按钮,打开"查询设计器"窗口。将教师备份表添加到查询设计视图的数据源窗口中。

(2)选择"查询工具"选项卡的"查询类型"组,单击"删除"按钮,在字段中选择"性别"。对应"性别"字段,在"条件"行输入"男",如图 4 – 38 所示。

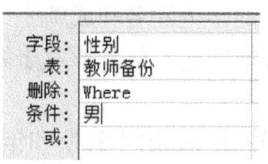

图 4 – 38　删除查询设计界面

(3)单击"运行"按钮,会弹出对话框,如图 4 – 39 所示。

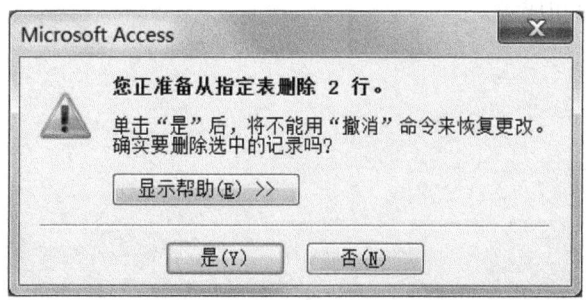

图 4 – 39　删除数据对话框

(4)单击"是"按钮,将会把教师备份表中的男教师记录全部删除,请读者自行查看删除后的结果。

4.4 项目延伸

1. 完成本章任务后,请思考和完成下列问题:
①什么是查询?它与表有什么区别?
②Access 2010 系统中查询是如何分类的?
③什么是查询准则?它的作用是什么?
④查询有哪些视图?
⑤交叉表查询的用途是什么?
⑥什么是参数查询?
⑦操作查询有哪些?
⑧什么是 SQL 查询?
⑨SQL 查询能完成哪些功能?

2. 使用查询设计器和 SQL 分别完成下列查询:
①查询所有男教师的姓名、性别、出生日期、最高学历、毕业院校和所授课程。
②查询选修数据库课程的学生姓名和成绩。
③使用交叉表查询所有教师何年何月毕业于哪所大学(仅用查询设计器完成)。
④查询学生的姓名、学号、性别、出生日期和年龄。
⑤查询所有姓"张"的学生姓名、学号、性别、出生日期和籍贯。
⑥建立一个"学历"参数,使用参数查询来查找不同学历的教师信息。
⑦使用学生、选修和课程表,生成一个新表"学生成绩表",包括学生学号、姓名、选修课程和成绩。

5

子任务：创建窗体

5.1 项目任务描述

本章任务：在教学管理系统表结构设计和查询的基础上，完成各个模块窗体界面的设计。掌握标签、按钮、文本框等常用控件的用法，设计具有查询、管理数据库数据的窗体界面。

 ## 5.2 项目预备知识

5.2.1 窗体概述

窗体又称为表单，是 Access 2010 数据库系统的一种重要的数据库对象。

窗体是人机对话的重要工具，是用户同数据库系统之间的主要操作接口。它的作用通常包括显示和编辑数据、接收用户输入以及控制应用程序流程等。窗体可以为用户提供一个友好、直观的数据库操作界面，通过窗体可以方便、快捷地查看、浏览和操纵数据。

在创建窗体的时候，通常需要指定窗体的数据源，这类窗体称为绑定窗体，并可用于数据的显示、输入和编辑。窗体的数据源可以是表，也可以是查询。此外还可以创建没有数据源的窗体。

从外观上看，窗体的结构和组成成分与一般的 Windows 窗口基本相同：最上方是标题栏和控制按钮；窗体内是各种组件，如文本框、单选按钮、下拉式列表框以及命令按钮等；最下方是状态栏。

5.2.2 窗体的类型

按照数据在窗体上显示的布局，窗体可以分为以下几种类型：

5.2.2.1 单页窗体

单页窗体也称纵栏式窗体，在窗体中，每页只显示表或查询的一条记录，记录中的字段纵向排列于窗体之中，每一栏的左侧显示字段名称，右侧显示相应的字段值。纵栏式窗体通常用于浏览和输入数据。

5.2.2.2 表格式窗体

表格式窗体可以直接编辑数据，一次可以显示多条记录的相关信息，字段以列的形式排列。通过窗体的记录导航按钮查看下一条或者上一条记录。

5.2.2.3 数据表窗体
就像打开了一个表一样,可以对数据进行编辑,也可以调整窗体上的控件。

5.2.2.4 分割窗体
分割窗体由两部分组成,上部分是纵栏式窗体,下部分是数据表窗体。分割窗体同时提供了两种数据视图,这两个视图中的数据来自于同一个数据源。使用分割窗体可以在一个窗体中同时利用两种窗体类型的优势。

5.2.2.5 数据透视表窗体
以行、列和交叉点的形式显示统计分析数据的窗体。显示效果类似于交叉表查询的数据表视图,但是分析和展示的功能更加丰富。

5.2.2.6 数据透视图窗体
将数据以柱形图、饼图等图表的形式表现出来的窗体,它可以清晰地展示数据的变化状态和发展趋势。

5.2.2.7 主/子窗体
主/子窗体主要用来显示具有一对多关系的表中的数据。主窗体显示"一"方数据表的数据,一般采用纵栏式窗体;子窗体显示"多"方数据表的数据,通常采用数据表式或表格式窗体。主窗体和子窗体的数据表之间通过公共字段相关联,当主窗体中的记录指针发生变化时,子窗体中的记录会随之发生变化。

5.2.3 窗体的视图

Access 2010 提供了 6 种视图,从不同的角度查看窗体的数据源和显示方式。

5.2.3.1 设计视图
窗体的设计视图用于窗体的创建和修改,用户可以根据需要向窗体中添加对象、设置对象的属性,窗体设计完成后可以保存并运行。

5.2.3.2 窗体视图
窗体视图是窗体运行时的显示方式,根据窗体的功能,可以浏览数据库的数据,也可以对数据库中的数据进行添加、修改、删除和统计等操作。

5.2.3.3 布局视图
布局视图是 Access 2010 新增加的一种视图,是用于修改窗体最直观的视图。在布局视图中,可以调整窗体设计;可以根据实际数据调整对象的宽度和位置;可以向窗体添加新对象,设置对象的属性。布局视图实际上是处在运行状态的窗体,因此用户看到的数据与窗体视图中的显示外观非常相似。

5.2.3.4 数据表视图
数据表视图以表格的形式显示数据,数据表视图与数据表窗口外观上基本相同,可以对表中的数据进行编辑和修改,比如,增加记录、修改字段的值等。

5.2.3.5 数据透视表视图

数据透视表视图主要用于数据的分析和统计。通过指定行字段、列字段和总计字段来形成新的显示数据记录,从而以不同的方法来分析数据。

5.2.3.6 数据透视图视图

数据透视图视图是将数据的分析和汇总结果以图形化的方式直观显示出来,其作用是进行数据的分析和统计。

5.2.4 窗体的结构

在设计视图下,窗体包括 5 个部分,如图 5 – 1 所示。

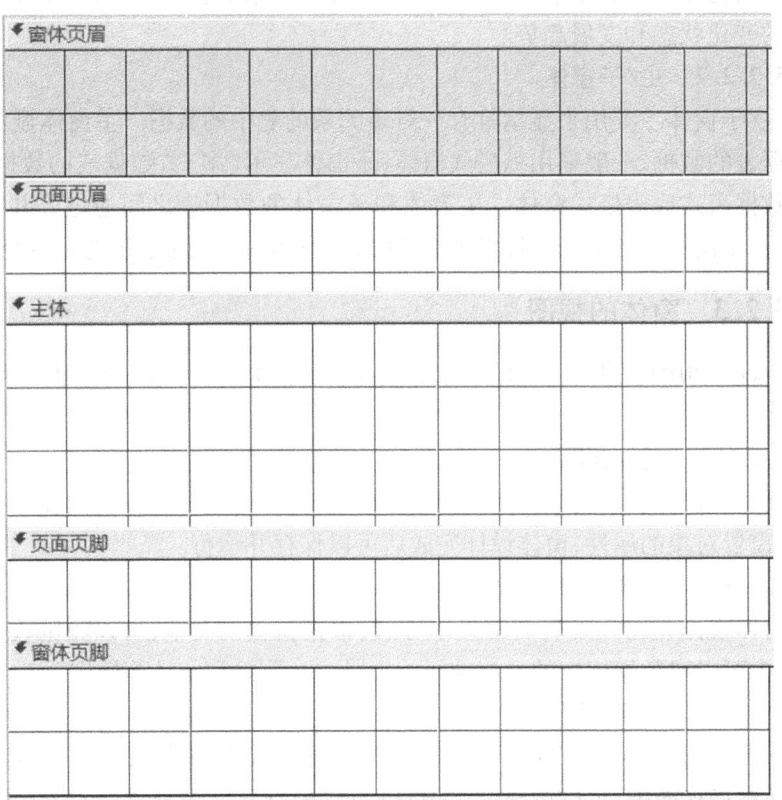

图 5 – 1 窗体结构图

5.2.4.1 窗体页眉

窗体的页眉位于窗体最上方,是由窗体控件组成的,主要用于显示窗体标题、说明窗体的使用、放置窗体中的控制按钮。打印时仅出现在首页顶部。

5.2.4.2 窗体页脚

窗体的页脚位于窗体最下方,也是由窗体控件组成的,主要用于窗体的使用说明,以及窗体中控制按钮的摆放。窗体页脚往往只是起到一个窗体的脚注作用,说明窗体的制作时间、设计者等内容。打印时仅出现在末页底部。

5.2.4.3 主体

主体位于窗体的中心部分,是工作窗口的核心部分,由多种窗体控件组成。它是数据库系统数据维护的主要工作界面,也是控制数据库应用系统流程的重要窗口。

5.2.4.4 页面页眉

只出现在打印的窗体上,打印时出现在每页顶部,主要用来输出说明信息。

5.2.4.5 页面页脚

只出现在打印的窗体上,打印时出现在每页底部,通常用于显示日期或页码等信息。

5.2.5 窗体的属性

窗体的属性决定了窗体的结构、外观和数据来源。窗体的属性在其属性表中设置,在窗体的设计视图下,单击"工具"组的"属性表"按钮即可设置窗体的属性。窗体属性表中的"格式"选项卡定义窗体的外观,"数据"选项卡定义窗体的数据来源,"事件"选项卡定义窗体对事件的响应。

定义一个窗体的外观属性,主要考虑以下几点:
(1)窗体的高度和宽度。
(2)窗体的背景颜色。
(3)窗体的背景图片。
(4)窗体的边框样式。
(5)窗体是否居中。
(6)窗体的标题。
(7)窗体是否含有最大化、最小化和关闭按钮。
(8)窗体是否有菜单栏。
(9)窗体是否有工具条。
(10)窗体是否有滚动条。
(11)窗体是否有导航按钮。

5.2.6 自动创建窗体

在 Access 2010 系统中,有 3 种创建窗体的方法:自动创建窗体、利用窗体向导创建窗体和使用设计视图创建窗体。自动创建窗体根据系统的引导完成。

5.2.6.1 使用"窗体"按钮创建窗体

这是一种创建窗体的快速方法,其数据源来自某个表或查询,所创建的窗体为单页窗体。

【例5-1】在教学管理数据库中,使用窗体按钮创建教师信息窗体。

操作步骤如下:

(1)打开"教学管理"数据库,在"导航"窗口选定"教师"表。

(2)在"创建"选项卡中选择"窗体"组,单击"窗体"按钮,系统将自动创建窗体,并以布局视图显示此窗体,如图5-2所示。关闭窗体并保存窗体,窗体设计完成。

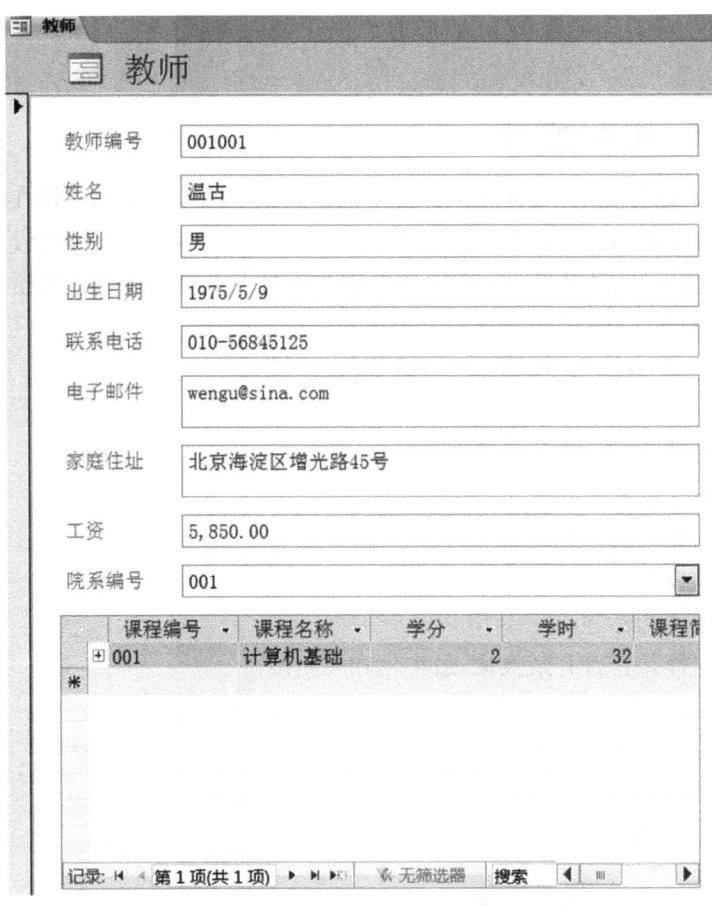

图5-2 使用窗体按钮创建窗体

5.2.6.2 创建"多个项目"窗体

"多个项目"窗体是指在窗体中显示多条记录的一种窗体布局形式,记录以数据表的形式显示。

【例 5-2】在教学管理数据库中,对"课程"表使用"多个项目"创建窗体。

操作步骤如下:

(1)打开"教学管理"数据库,在"导航"窗口选定"课程"表。

(2)在"创建"选项卡中选择"窗体"组,单击"其他窗体"按钮,在下拉列表中选择"多个项目"按钮,系统将自动创建并以布局视图显示此窗体,如图 5-3 所示。关闭窗体并保存窗体,窗体设计完成。

图 5-3 创建多个项目窗体

5.2.6.3 创建分割窗体

分割窗体以两种视图方式显示数据,窗体被分隔成上下两个区域:上半区域以单个记录方式显示数据;下半区域以数据表方式显示数据。两种视图连接到同一数据源,并且始终保持同步。可以在任何一部分中对记录进行切换、编辑和修改。

【例 5-3】在教学管理数据库中,对"人事档案"表创建分割窗体。

操作步骤如下:

(1)打开"教学管理"数据库,在"导航"窗口选定"人事档案"表。

(2)在"创建"选项卡中选择"窗体"组,单击"其他窗体"按钮,在下拉列表中选择"分割窗体"按钮,系统将自动创建并以布局视图显示此窗体,如图 5-4 所示。关闭窗体并保存窗体,窗体设计完成。

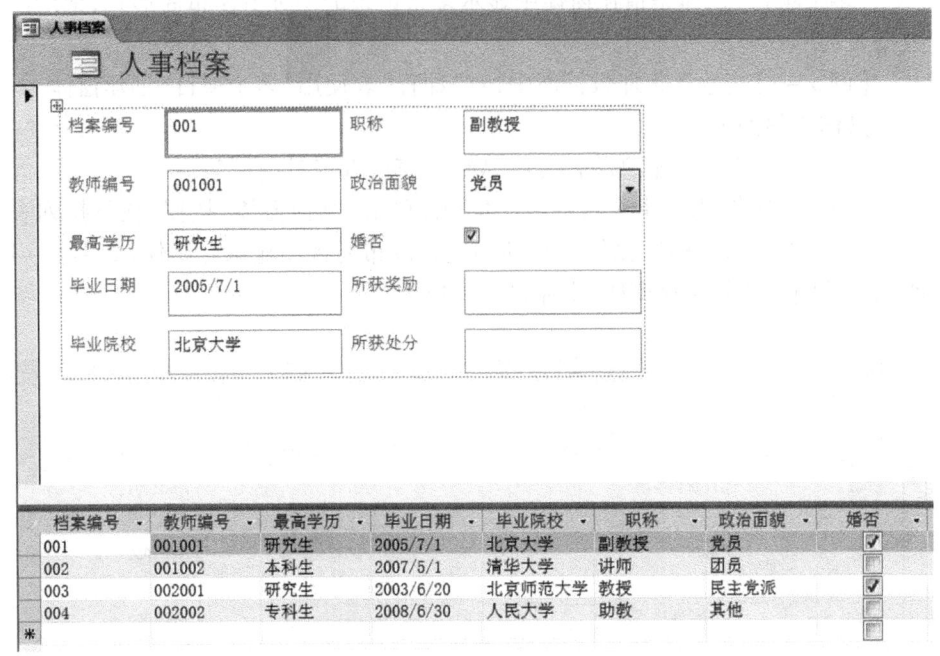

图 5-4 创建分割窗体

5.2.6.4 创建数据透视表窗体

数据透视表是一种交互式的表,它可以按设定的方式进行计算,如求和、计数、求平均值等。数据透视表窗体以交互式的表来显示数据,在使用过程中,用户可以根据需要改变版面布局。

【例 5-4】在教学管理数据库中创建数据透视表窗体,将各系学生按籍贯分别统计男、女学生的人数。

操作步骤如下:

(1)打开"教学管理"数据库,在"导航"窗口选定"学生"表。

(2)在"创建"选项卡中选择"窗体"组,单击"其他窗体"按钮,并在下拉列表框中单击"数据透视表"按钮,打开"数据透视表"设计窗口,同时显示"数据透视表字段列表"对话框,如图 5-5 所示。

(3)将"院系编号"字段拖到左上角的筛选字段区域,"籍贯"字段拖到行字段区域,"性别"字段拖到列字段区域,"学号"拖到汇总区域。关闭"字段列表"对话框,单击右键,在弹出的菜单中选择菜单项"自动计算"|"计数",数据透视表窗体设计完成,显示结果如图 5-6 所示。

图 5-5 数据透视表字段列表对话框

学生

院系编号：全部

籍贯	男 学号 的计数	女 学号 的计数	总计 学号 的计数
北京	1		1
河南	1		1
山东	1	2	3
山西	1		1
陕西		1	1
天津	1		1
总计	5	3	8

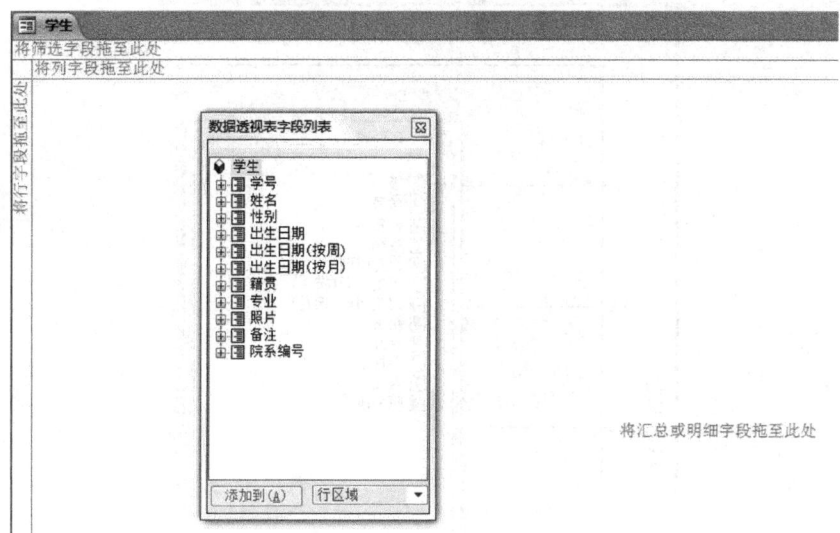

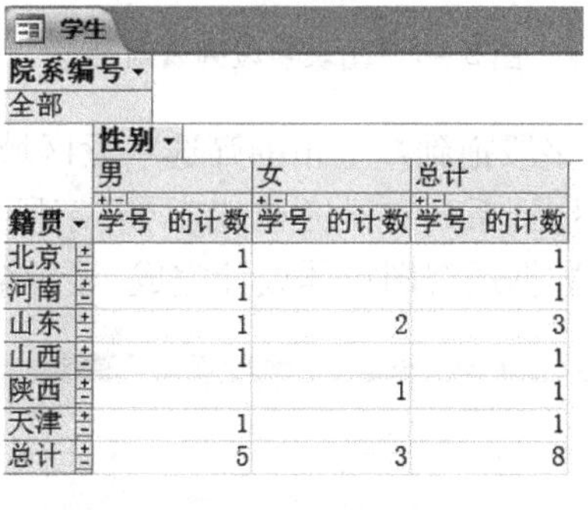

图 5-6 数据透视表窗体

5.2.6.5 创建数据透视图窗体

数据透视图是以图形的方式显示数据汇总和统计结果,可以直观地反映数据分析信息,形象地表达数据的变化。

【例 5-5】在教学管理数据库中创建数据透视图窗体,将各系学生按籍贯分别统计男、女学生的人数。

操作步骤如下:

(1)打开“教学管理”数据库,在“导航”窗口选定“学生”表。

(2)在“创建”选项卡中选择“窗体”组,单击“其他窗体”按钮,并在下拉列表框中单击“数据透视图”按钮,打开“数据透视图”设计窗口,同时显示“图表字段列表”对话框,如图 5-7 所示。

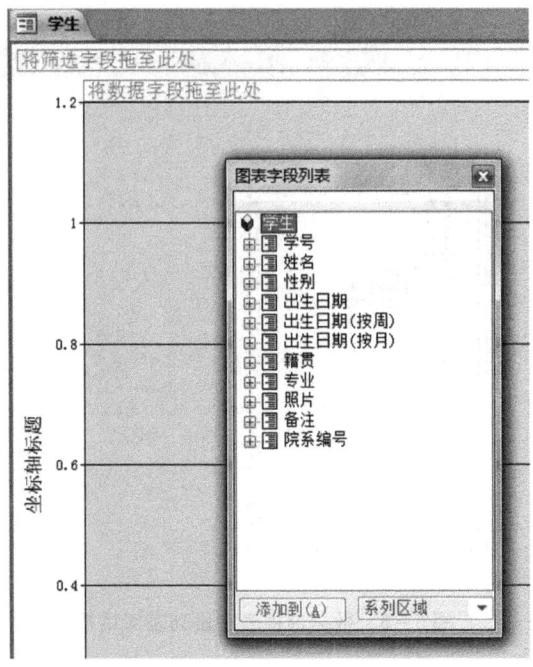

图5-7 图表字段列表对话框

(3)将"院系编号"字段拖到左上角的筛选字段区域,"籍贯"字段拖到分类字段区域,"性别"字段拖到系列字段区域,"学号"字段拖到数据字段区域。关闭"字段列表"对话框,数据透视图窗体设计完成,显示结果如图5-8所示。

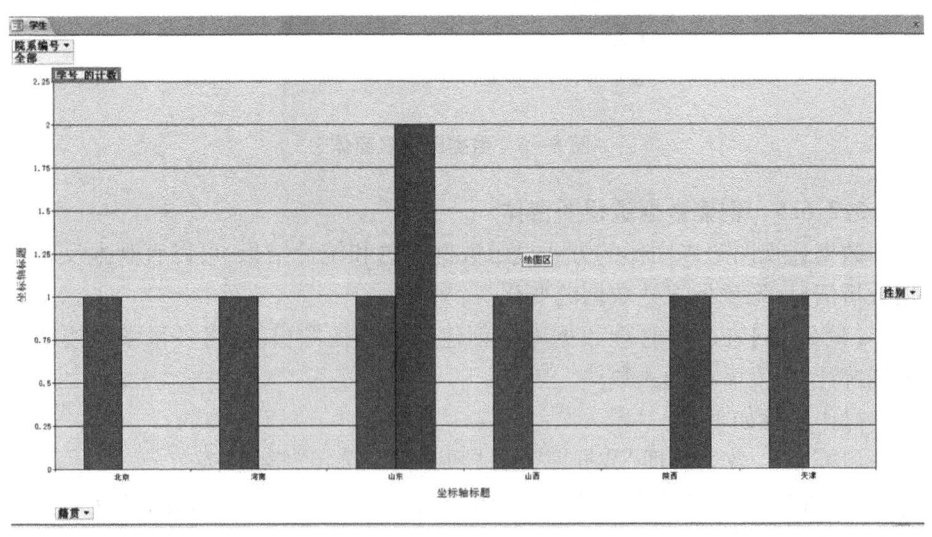

图5-8 数据透视图窗体

5.2.7　使用向导创建窗体

使用向导创建窗体,需在创建过程中选择数据源、选择字段、设置窗体布局等。使用窗体向导可以创建数据浏览和编辑窗体,窗体类型可以是纵栏式、表格式、数据表式,它们创建的过程基本相同。

【例5-6】使用窗体向导创建显示学生基本信息的窗体。

操作步骤如下:

(1)打开"教学管理"数据库,在"导航"窗口选定"学生"表。

(2)在"创建"选项卡中选择"窗体"组,单击"窗体向导"按钮,显示"窗体向导"对话框,在数据源中选择学生表,并选择前5个字段,如图5-9所示。

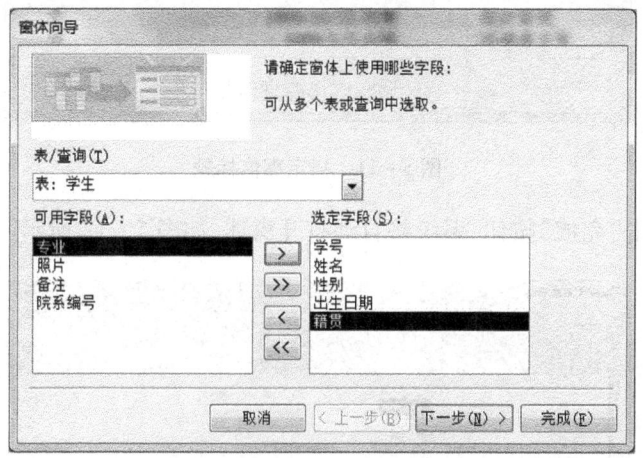

图5-9　选择数据源

(3)单击"下一步"按钮,选择"纵栏表",如图5-10所示。

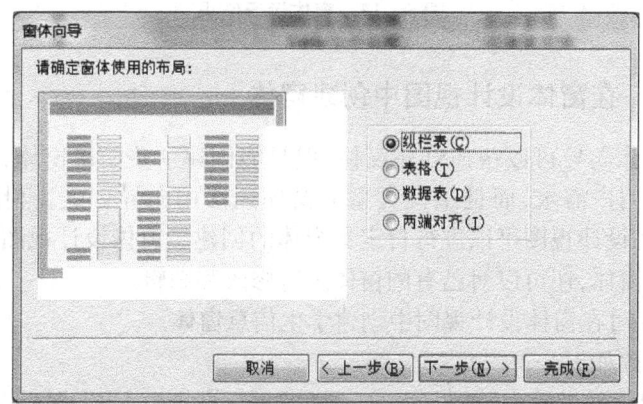

图5-10　选择窗体布局

(4)单击"下一步"按钮,为窗体指定标题"学生基本信息",如图 5-11 所示。

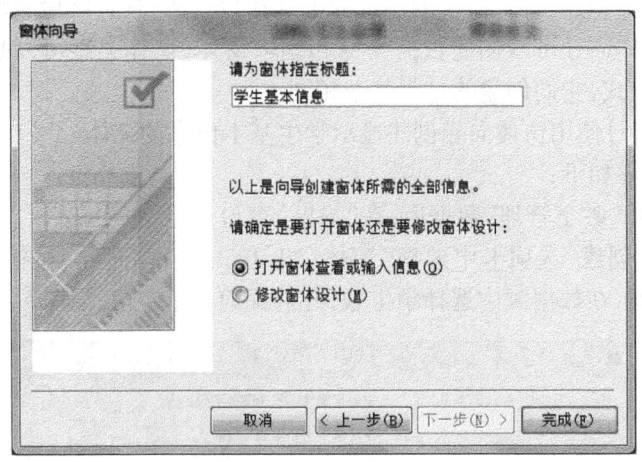

图 5-11　指定窗体标题

(5)单击"完成"按钮,系统将自动打开窗体,如图 5-12 所示。

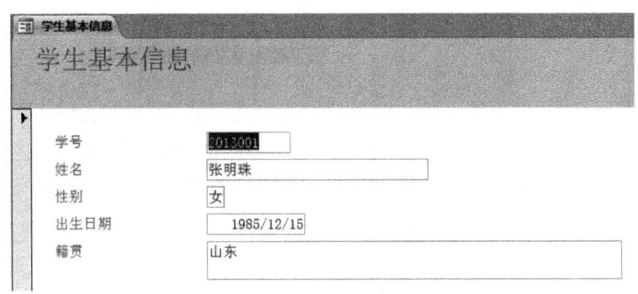

图 5-12　窗体运行结果

5.2.8　在窗体设计视图中创建窗体

使用窗体向导可以快速创建窗体,但只能创建一些简单窗体,在实际应用中不能满足用户需求,而且某些类型的窗体无法用向导创建。利用窗体设计器,即窗体的设计视图可以进行自定义窗体的创建。窗体设计视图不仅可以用来新建一个窗体,还可以对已有的窗体进行修改和编辑。

【例 5-7】在窗体设计视图中创建学生信息窗体。

操作步骤如下:

(1)打开"教学管理"数据库,在"导航"窗口选定"学生"表。

(2)在"创建"选项卡中选择"窗体"组,单击"窗体设计"按钮,打开窗体设计器。在字段列表中选择"学生"表,并将前6个字段拖入窗体的主体中,如图 5-13 所示。

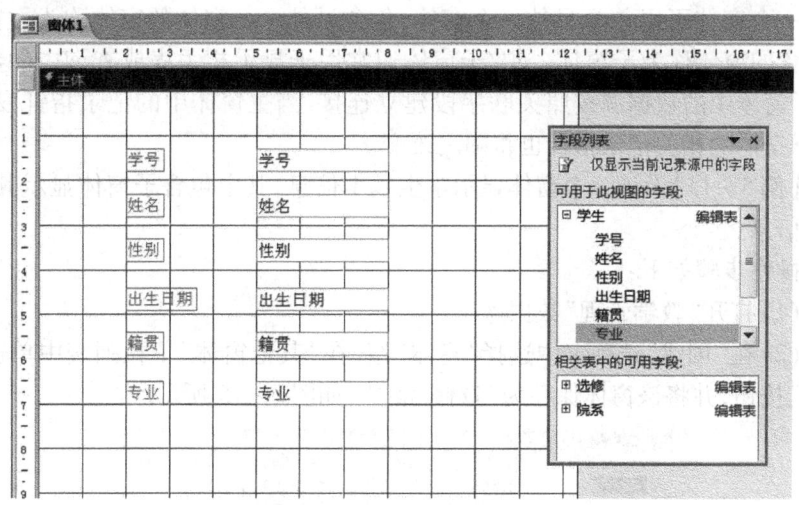

图 5-13 窗体设计视图

(3)关闭字段列表,切换到窗体视图,即可查看学生信息。

除使用字段列表窗口来添加数据源外,还有一种方法是使用属性窗口来给窗体添加数据源。在"窗体设计工具"选项卡中的"工具"组中单击"属性表"按钮,或者右击窗体在弹出的快捷菜单中单击"属性"命令,可以打开"属性表"窗口。在"数据"选项卡中选择"记录源"属性,即可像创建查询一样创建新的数据源了,如图 5-14 所示。

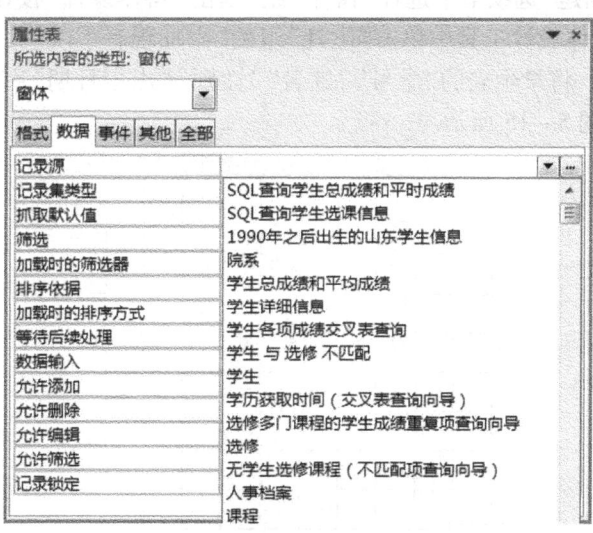

图 5-14 为窗体指定数据源

5.2.9 子窗体

一个窗体可以包含另外一个窗体,包含另外一个窗体的窗体称为主窗体,被包含的窗体称为子窗体。主/子窗体通常用于显示相关表或查询中的数据,主/子窗体中的数据源按照关联字段建立连接,当主窗体中的记录指针发生变化,子窗体的相关记录指针也将随之改变。

【例5-15】设计一个窗体显示学生基本信息,其中包含子窗体显示其选修成绩信息。

操作步骤如下:

(1)打开"教学管理"数据库。

(2)在"创建"选项卡中选择"窗体"组,在"其他窗体"下拉列表中单击"数据表"按钮,并将该窗体保存为"选修成绩",如图5-15所示。

学号	课程编号	选修学期	成绩
2013001	001	2012-2013-1	85
2013001	002	2012-2013-2	88
2013001	003	2012-2013-2	79
2013002	001	2012-2013-1	75
2013002	002	2012-2013-2	75
2013003	001	2012-2013-1	68
2013003	002	2012-2013-2	86
2013004	001	2012-2013-1	90
2013004	005	2012-2013-2	96
2013005	001	2012-2013-1	50
2013005	005	2012-2013-2	88
2013006	001	2012-2013-1	92

图5-15　选修成绩子窗体

(3)在"创建"选项卡中选择"窗体"组,单击"窗体设计"按钮,打开窗体设计视图。在窗体设计工具中单击"工具"组的"添加现有字段"按钮,弹出"字段列表"对话框。将学生表的"学号""姓名""性别""出生日期"字段拖入窗体的主体区域,如图5-16所示。

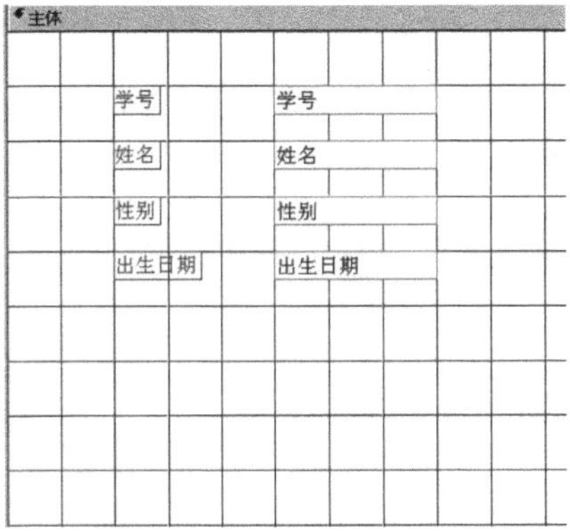

图5-16　设计学生窗体

(4)在"控件"组中选择"子窗体/子报表"控件,在窗体下方的空白区域添加该控件,同时打开"子窗体向导"对话框,选择"使用现有的窗体"选项,并在列表框中选择窗体"选修成绩",如图 5-17 所示。

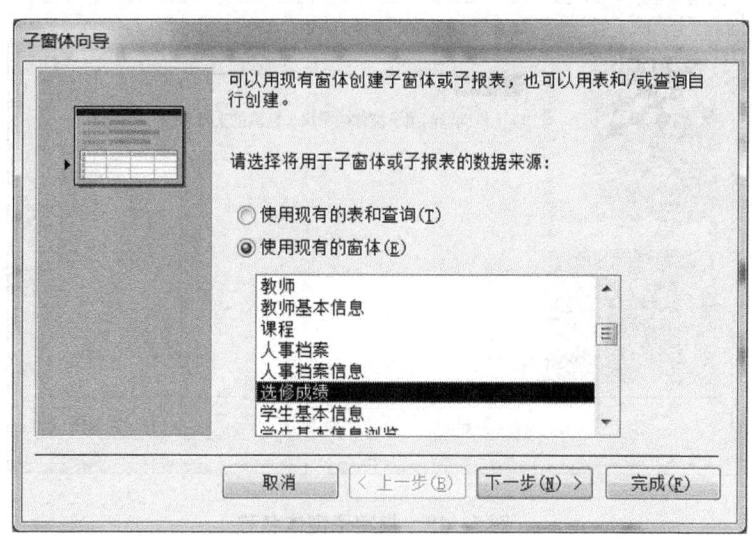

图 5-17 子窗体向导

(5)单击"下一步"按钮,单击"从列表中选择"按钮,选择"对 < SQL 语句 > 中的每个记录用学号显示选修"项,如图 5-18 所示。

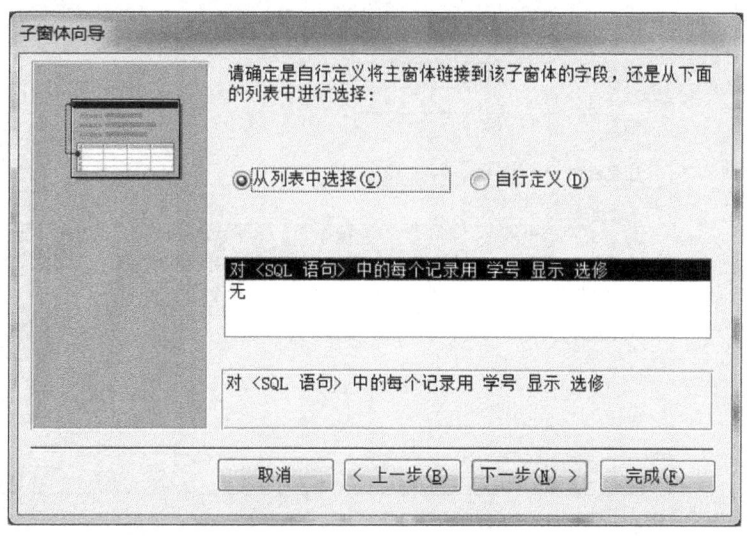

图 5-18 选择链接方式

(6)单击"下一步"按钮,系统给出了默认的子窗体名称为"选修成绩",如图 5-19 所示。

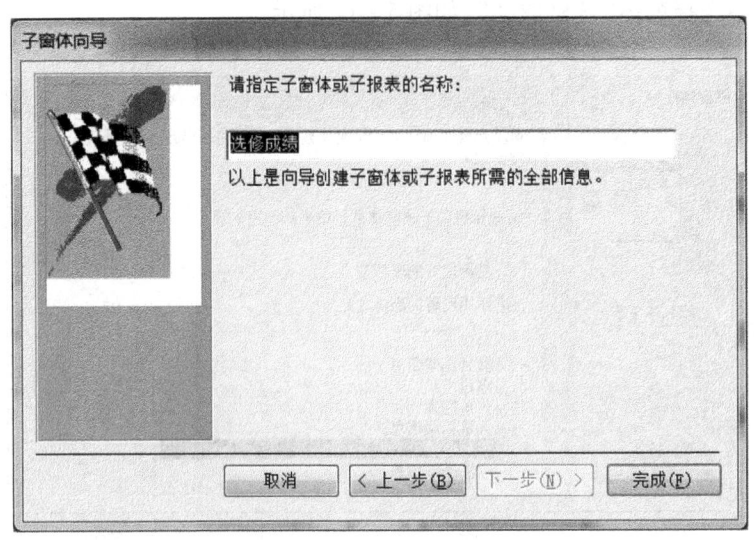

图 5-19　指定子窗体名称

(7)单击"完成"按钮,将窗体保存为"学生基本信息以及选修成绩",运行效果如图 5-20 所示。

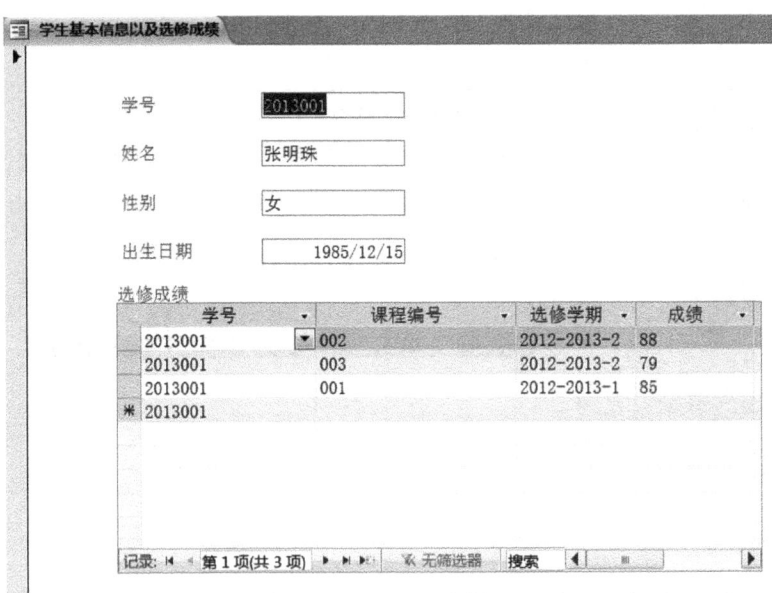

图 5-20　子窗体运行结果

5.2.10 控件概述

控件是放置在窗体中的图形对象,主要用于输入数据、显示数据、执行操作等。当打开窗体的设计视图时,系统会自动显示"窗体设计工具"上下文选项卡,控件组位于"窗体设计工具"的"设计"子选项卡中。

Access 2010 系统中的控件与其他 Windows 应用程序中的控件相同。例如,文本框用来输入或显示数据,命令按钮用来执行某个命令或完成某个操作。

控件的属性用来描述控件的特征或状态,例如,文本框的高度、宽度和其中要显示的信息都是它的属性,每个属性都有一个属性名。

按照与数据源的关系,控件可分为绑定型控件和非绑定型控件。绑定型控件与数据源的字段列表绑定在一起,当使用绑定控件输入数据时,其绑定的字段会自动更新。大多数允许输入信息的控件都是绑定型的。非绑定型控件与表中的字段无关联,输入数据时不会更新表中字段的值。

向窗体中添加控件的步骤如下:

(1)新建窗体或打开已有的窗体,在工具箱中选择控件。

(2)单击窗体的空白处,会在窗体中创建一个默认尺寸的对象,或者直接拖动鼠标,然后在鼠标画出的矩形区域内创建一个对象。

(3)设置对象的属性。

5.2.11 标签

标签用于在窗体、报表或数据访问页中显示说明性的文字,如标题、题注。标签不能显示字段或表达式的值,属于非绑定型控件。

标签有两种:独立标签和关联标签。其中,独立标签是与其他标签没有关联的标签,用来添加说明性文字。关联标签是链接到其他控件上的标签,这种标签通常与文本框、组合框和列表框成对出现,文本框等用于显示数据,而标签用于对显示数据进行说明。

默认情况下,文本框是带关联标签的,如果不需要,可以通过属性窗口进行设置。首先选中文本框控件,然后打开属性表窗口,将"自动"标签属性修改为"否"即可。

标签的主要属性有:

(1)标题。

(2)距离窗体上边界的距离。

(3)距离窗体左边界的距离。

(4)自身高度。

(5)自身宽度。

(6)背景样式。

(7)背景颜色。

(8)特殊效果。

(9)显示文本的字体。

(10)显示文本的字体大小。

(11)显示文本的字体颜色。

5.2.12 文本框

文本框用来显示、输入或编辑窗体中数据源中的数据,或显示计算结果。文本框可以是绑定型也可以是非绑定型。绑定型文本框用来与某个字段相关联,非绑定型文本框用来显示计算结果或接收用户输入的数据。

文本框控件与标签控件最主要的区别在于它们的数据源不同。标签控件显示的是其标题属性中的内容,而文本框控件的数据来源于绑定的表或查询,或者键盘输入的信息。

文本框的主要属性有:

(1)距离窗体上边界的距离。

(2)距离窗体左边界的距离。

(3)自身高度。

(4)自身宽度。

(5)样式。

(6)数据来源。

(7)特殊效果。

(8)显示文本的字体。

(9)显示文本的字体大小。

(10)显示文本的字体颜色。

5.2.13 命令按钮

命令按钮是用于接收用户操作命令、控制程序流程的主要控件之一,用户可以通过命令按钮进行特定的操作,如打开/关闭窗体、查询表中信息等。

向窗体中添加命令按钮的方式有两种:使用命令按钮向导和自行创建命令按钮。

Access 2010 系统提供了"命令按钮向导"。用户利用向导创建命令按钮,几乎不用编写任何代码,通过系统引导即可以创建不同类型的命令按钮。命令按钮有6种类别:记录导航、记录操作、窗体操作、报表操作、应用程序和杂项。

命令按钮的主要属性有:

(1)标题。

(2)距离窗体上边界的距离。
(3)距离窗体左边界的距离。
(4)自身高度。
(5)自身宽度。
(6)单击时执行的事件代码。
(7)双击时执行的事件代码。
(8)标题的字体。
(9)标题的字体大小。
(10)标题的字体颜色。

5.2.14 组合框和列表框

组合框和列表框是窗体设计中非常重要的控件,使用这两个控件可以使用户从一个列表中选取数据,减少键盘输入,这样可以尽量避免数据输入错误所带来数据不一致。

组合框由列表框和一个附加标签组成,它能够将一些数据以列表形式给出,供用户选择。组合框实际上是文本框和列表框的组合,既可以输入数据,也可以在数据列表中进行选择。

列表框和组合框中选项数据来源可以是数据表、查询,也可以是用户提供的一组数据。列表框和组合框的操作基本相同。

列表框和组合框的主要属性有：
(1)距离窗体上边界的距离。
(2)距离窗体左边界的距离。
(3)自身高度。
(4)自身宽度。
(5)列数。
(6)列宽。
(7)行来源。
(8)边框样式。
(9)边框宽度。
(10)显示内容的字体。
(11)显示内容的前景色。

5.2.15 图像

图像控件是非绑定型控件,主要用于显示静止的图像文件。
图像控件的主要属性有：

(1)距离窗体上边界的距离。
(2)距离窗体左边界的距离。
(3)自身高度。
(4)自身宽度。
(5)缩放模式。
(6)背景样式。

5.2.16 单选、复选框与选项组

复选框、单选框和切换按钮3种控件的功能有许多相似之处,都用来表示两种状态,例如,是/否、开/关或真/假。这三种控件的工作方式基本相同,以被选中或按下表示"是",其值为 -1,反之为"否",其值为 0。选项组控件是一个包含复选框或单选按钮或切换按钮的控件,由一个组框架及一组复选框或单选按钮或切换按钮组成。可以用选项组实现表中字段的输入或修改。

5.3 项目实施

5.3.1 任务1:显示学生基本信息

在窗体设计视图中使用绑定型文本框、标签、按钮控件显示学生的学号、姓名、性别和出生日期,使用按钮控件实现记录的浏览。

(1)打开"教学管理"数据库。
(2)在"创建"选项卡中选择"窗体"组,单击"窗体设计"按钮,打开窗体设计视图。在窗体设计工具中单击"工具"组的"添加现有字段"按钮,弹出字段列表对话框。将所需字段拖入窗体的主体区域,如图 5 - 21 所示。

图 5 - 21 学生信息窗体设计视图

(3)在窗体设计工具中单击"控件"组的"命令按钮"控件,将其拖入窗体的主体区域,将弹出命令按钮向导(确保控件向导按钮处于按下状态),如图5-22所示。

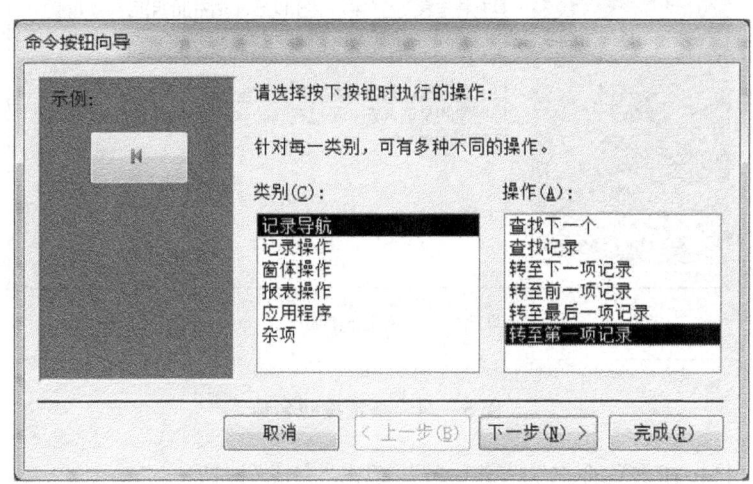

图5-22 选择命令按钮类别和操作

(4)选中"转至第一项记录",单击"下一步"按钮,打开对话框,如图5-23所示。

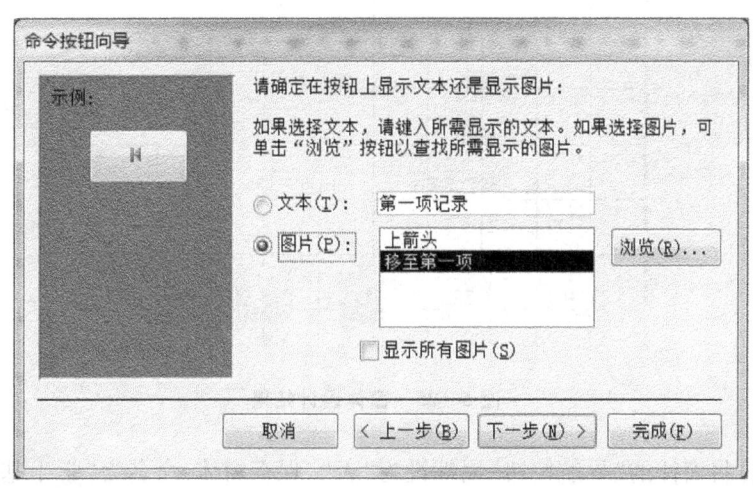

图5-23 确定按钮风格

(5)选中"图片"单选按钮,选中"移至第一项"选项,单击"下一步"按钮,打开对话框,如图5-24所示。

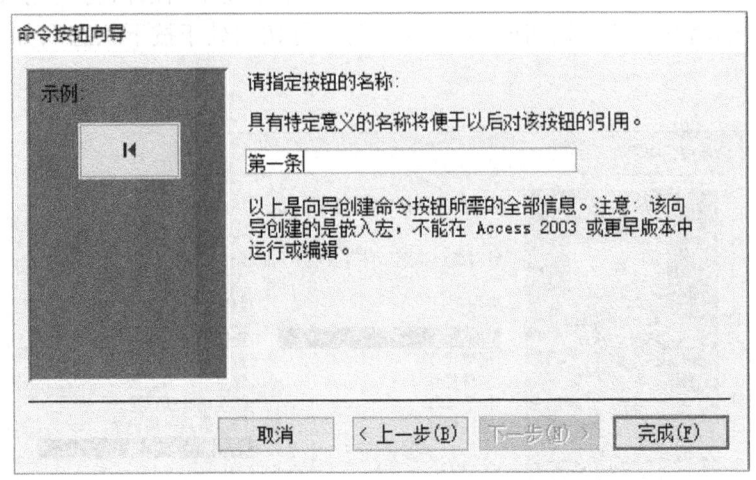

图 5-24 指定按钮名称

(6)将按钮名称命名为"第一条",单击"完成"按钮。

(7)以此类推,创建"上一条"、"下一条"和"最后一条"按钮,完成后的窗体设计视图如图 5-25 所示。

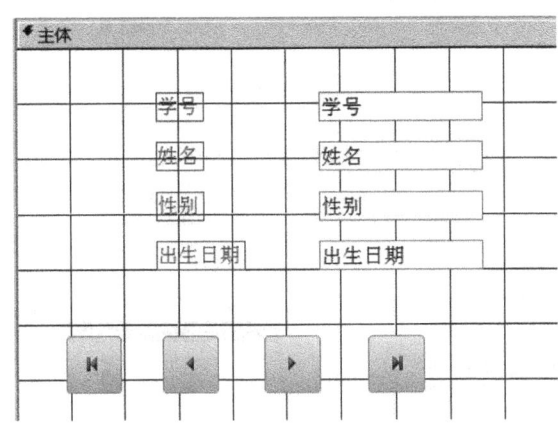

图 5-25 窗体设计结果

(8)将窗体的"导航按钮"属性设为"否",保存窗体,命名为"学生基本信息浏览",切换到窗体视图查看运行效果。

5.3.2 任务2:管理学生基本信息

在学生基本信息浏览的基础上,使用按钮控件实现学生信息的增加、删除和修改。

操作步骤如下：

(1)打开"教学管理"数据库。

(2)将窗体"学生基本信息浏览"复制一份，命名为"学生基本信息管理"。

(3)使用设计视图打开"学生基本信息管理"窗体，适当调整窗体和控件的大小和位置。在窗体下部添加一个命令按钮，功能为"添加新记录"，如图5-26所示。

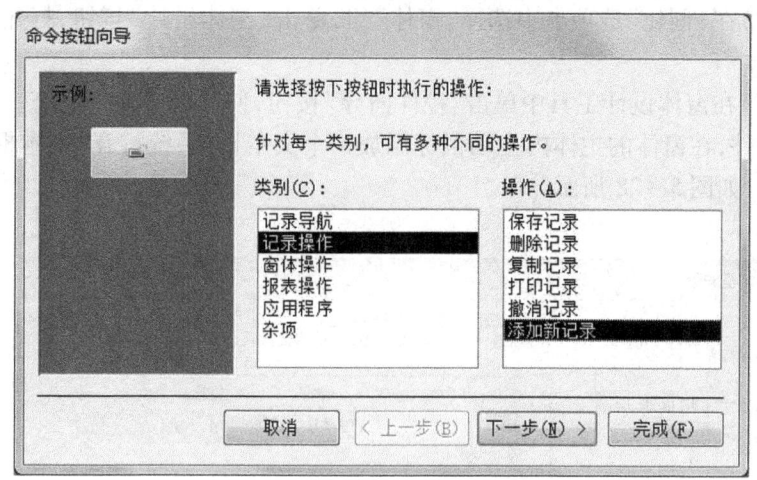

图5-26 添加新记录按钮

(4)该按钮显示文字"添加记录"，并命名为"addrec"。

(5)使用同样的方法创建命令按钮"saverec"和"delrec"，分别显示文字"保存记录"和"删除记录"。运行效果如图5-27所示。

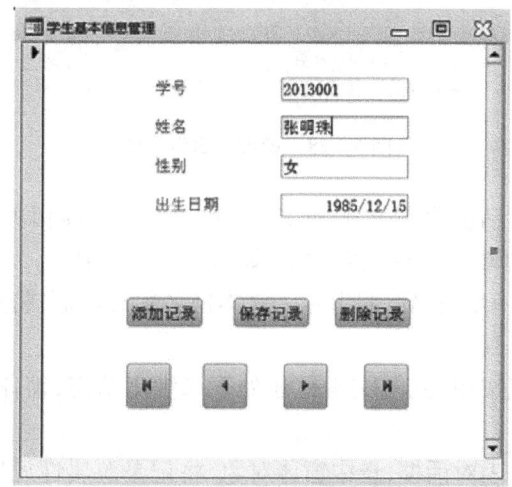

图5-27 管理学生信息

请读者自行完成"教师基本信息管理""课程基本信息管理""人事档案基本信息管理"等具有管理表数据功能的窗体。

5.3.3 任务3:显示学生年龄信息

操作步骤如下:

(1)打开"教学管理"数据库。

(2)在"创建"选项卡中选择"窗体"组,单击"窗体设计"按钮,打开窗体设计视图。

(3)在窗体设计工具中单击"控件向导"按钮,使其处于按下状态。单击文本框控件,在窗体的主体内拖动鼠标添加一个文本框,系统打开"文本框向导"对话框,如图5-28所示。

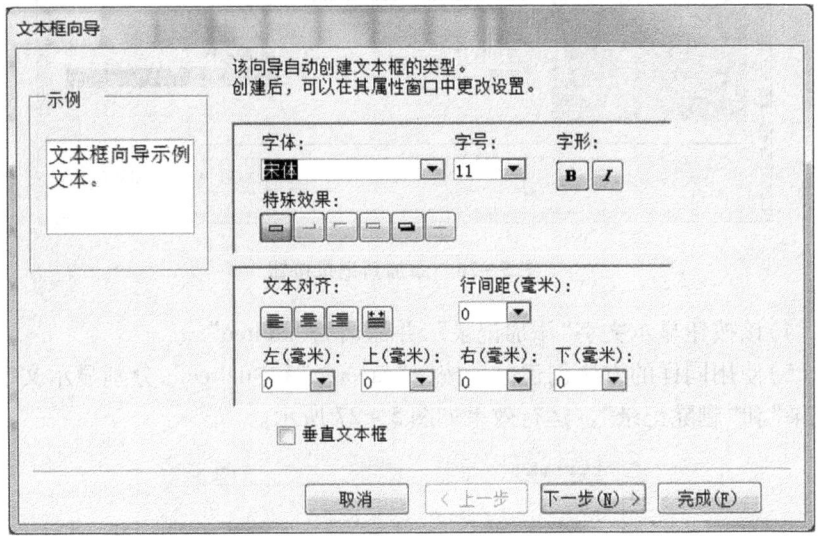

图5-28 设置文本框字体

(4)使用该对话框设置文本的字体、字号和字形等相关属性,单击"下一步"按钮,打开选择输入法模式对话框,如图5-29所示。

(5)单击"下一步"按钮,打开输入文本框名称对话框,将其命名为"学号",如图5-30所示。

(6)单击完成按钮,此时文本框还处于未绑定状态,窗体的设计视图如图5-31所示。

(7)打开属性表对话框,选中窗体对象,将记录源属性设置为"学生"表,如图5-32所示。

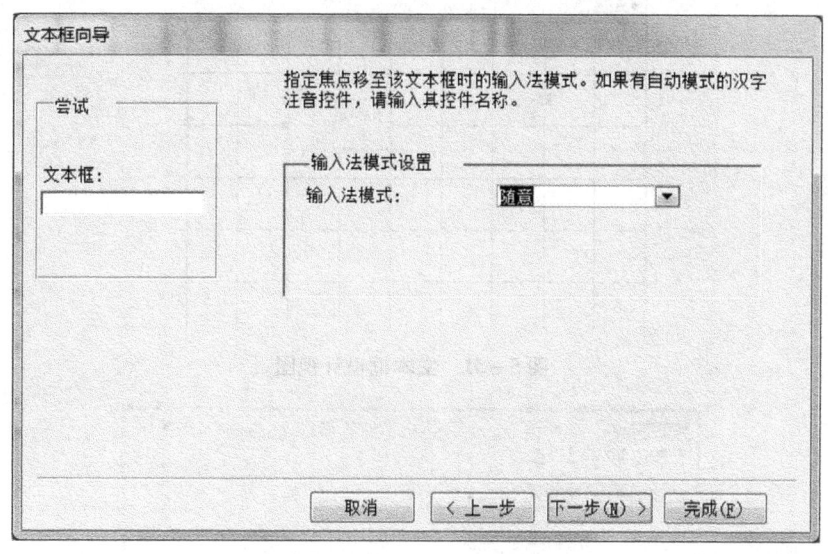

图 5-29　设置文本框输入法

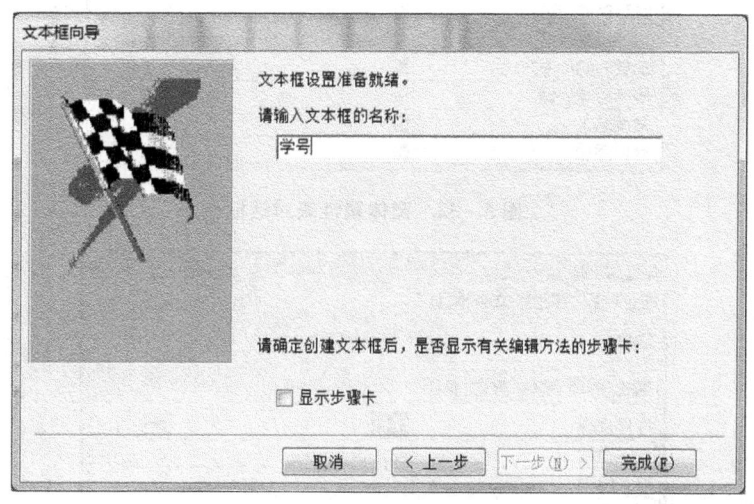

图 5-30　设置文本框名称

(8) 在属性表对话框中选中"学号"文本框,将控件来源属性设为"学号"字段,如图 5-33 所示。

(9) 以此类推,分别创建姓名、性别和年龄文本框。将年龄文本框的控件来源属性设置为"= Year(Date()) - Year([出生日期])",如图 5-34 所示。

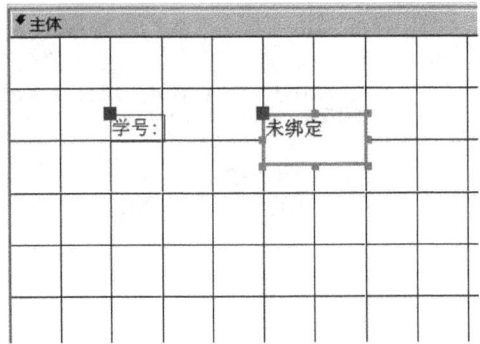

图 5-31　文本框设计视图

图 5-32　窗体属性表对话框

图 5-33　设置文本框控件来源

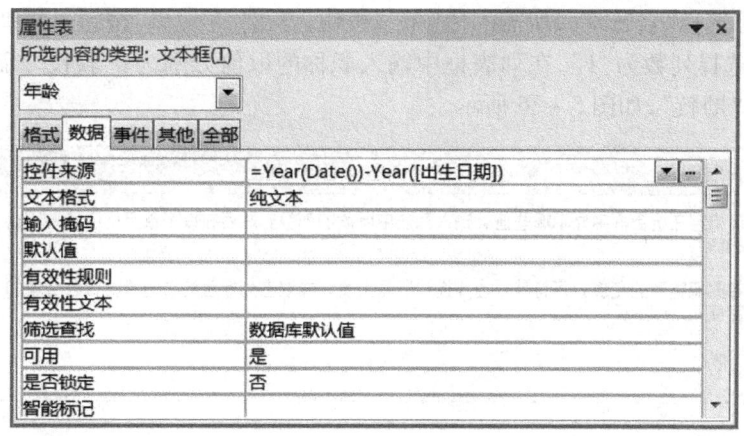

图 5 – 34　计算年龄

(10) 将窗体保存为"学生年龄信息",切换到窗体视图查看运行结果。

5.3.4　任务 4:创建人事档案信息窗体

创建人事档案信息窗体,使用组合框控件显示职称信息。

操作步骤如下:

(1) 打开"教学管理"数据库。

(2) 在"创建"选项卡中选择"窗体"组,单击"窗体设计"按钮,打开窗体设计视图。在窗体设计工具中单击"工具"组的"添加现有字段"按钮,弹出"字段列表"对话框。将人事档案表的"档案编号"、"教师编号"、"最高学历"和"毕业院校"字段拖入窗体的主体区域。

(3) 单击组合框控件,在窗体的主体区域拖动鼠标添加一个组合框,系统自动弹出组合框向导,如图 5 – 35 所示。

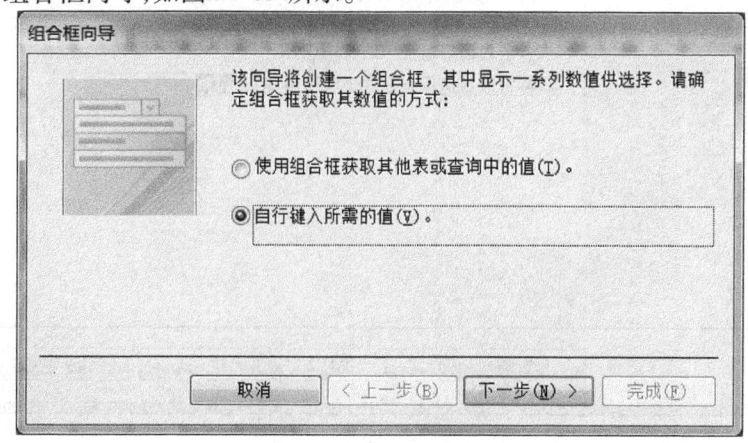

图 5 – 35　组合框向导

(4)选择"自行键入所需的值"单选按钮,点击"下一步"按钮。在弹出的对话框中选择列数为"1",在列表框中输入职称的取值分别为:"教授""副教授""讲师""助教",如图 5 – 36 所示。

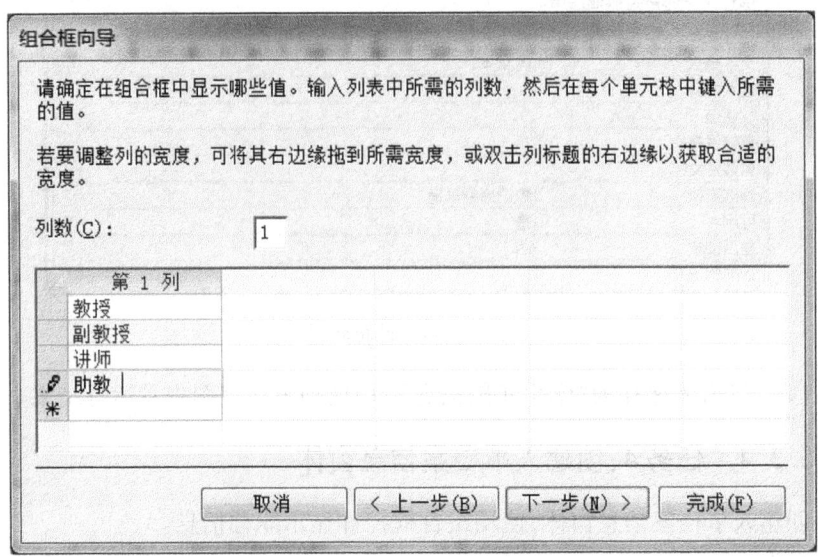

图 5 – 36　确定组合框列数

(5)单击"下一步"按钮,在弹出的对话框中选择"将该数值保存在这个字段中"选项,同时在下拉式列表框中选择"职称"字段,如图 5 – 37 所示。

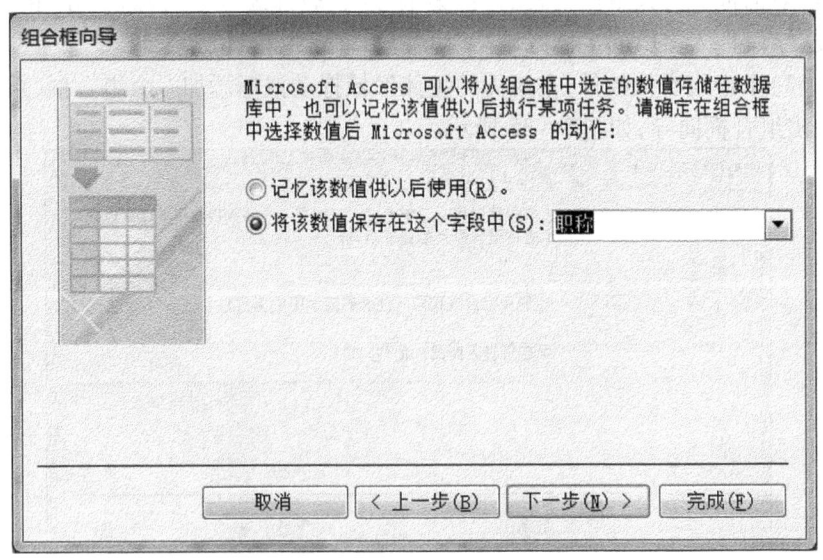

图 5 – 37　选择数据存储位置

(6) 为组合框指定标签为"职称",如图 5-38 所示。

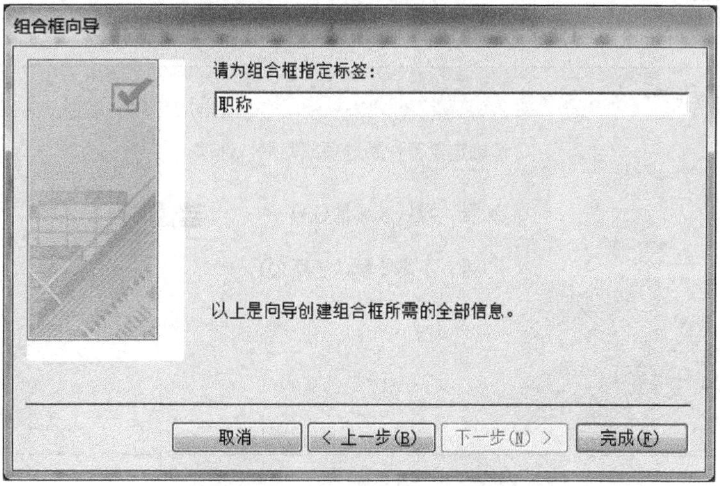

图 5-38　为组合框指定标签

(7) 单击"完成"按钮,保存窗体为"人事档案信息",切换到窗体视图查看运行效果。

5.3.5　任务 5:创建教师婚姻信息窗体

操作步骤如下:

(1) 打开"教学管理"数据库,用设计视图打开"人事档案信息"窗体。

(2) 在"控件"组中单击选项组控件,在窗体拖动鼠标添加一个选项组按钮,系统将自动打开"选项组向导"对话框,为每个选项指定标签,即按钮上的显示文本。在表格中分别输入"已婚"和"未婚",如图 5-39 所示。

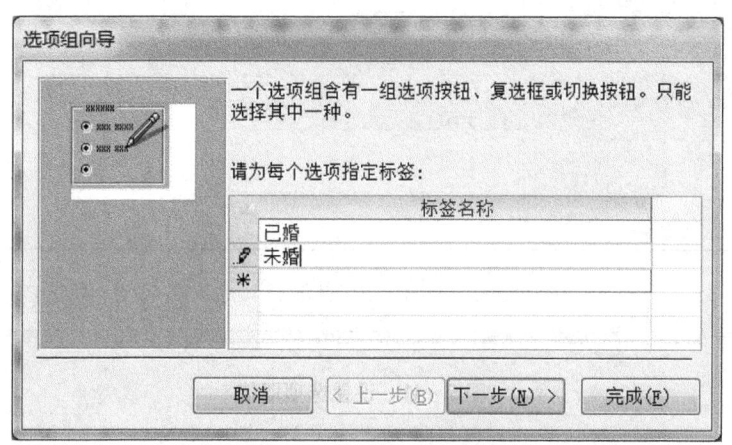

图 5-39　指定选项组标签

(3)单击"下一步"按钮,在弹出的对话框中将"未婚"设为默认选项,如图 5-40 所示。

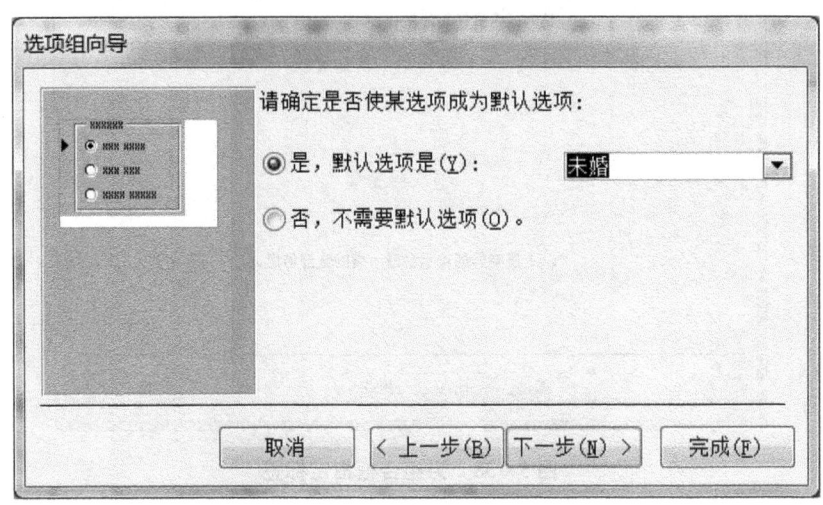

图 5-40 设置默认选项

(4)单击"下一步"按钮,在弹出的对话框中为每个选项指定值。"婚否"字段是逻辑型,取值为 -1 和 0。将"已婚"和"未婚"的取值分别设置为"-1"和"0",如图 5-41 所示。

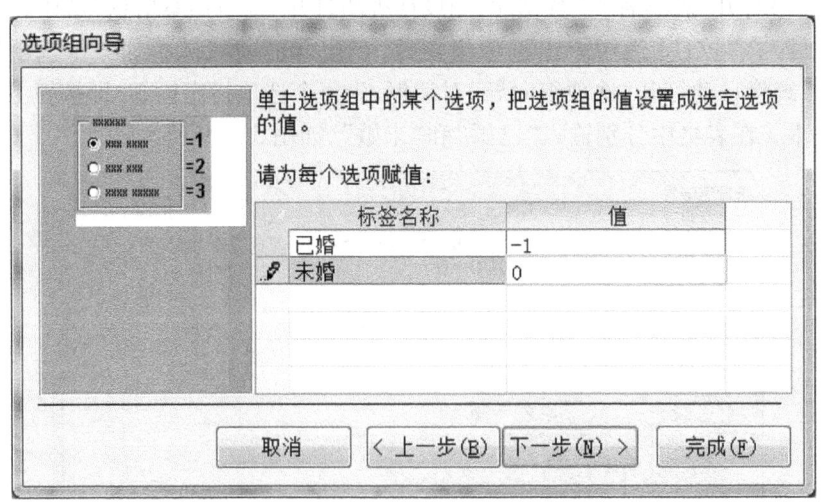

图 5-41 设置选项取值

(5)单击"下一步"按钮,在弹出的对话框中选择"在此字段中保存该值"选项,在下拉列表框中选择"婚否"字段,如图 5-42 所示。

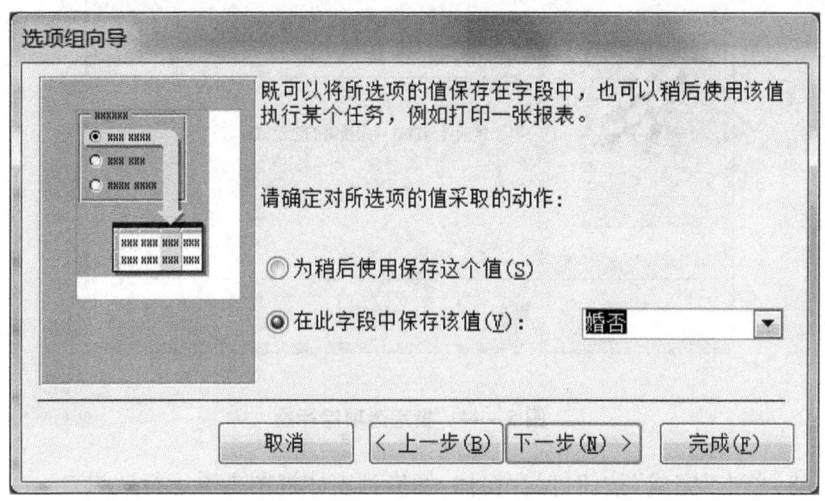

图 5-42 选择数据存储位置

(6)单击"下一步"按钮,在弹出的对话框中选择"单选按钮"和"蚀刻"样式,如图 5-43 所示。

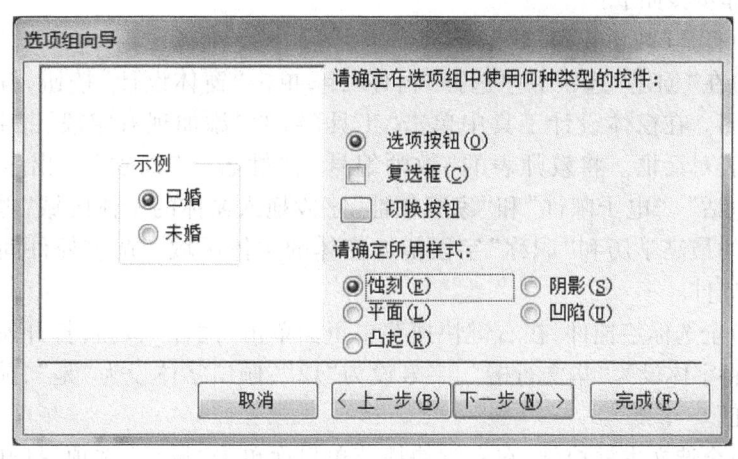

图 5-43 选择类型和样式

(7)单击"下一步"按钮,在弹出的对话框中为选项组指定标题为"婚姻状况",如图 5-44 所示。

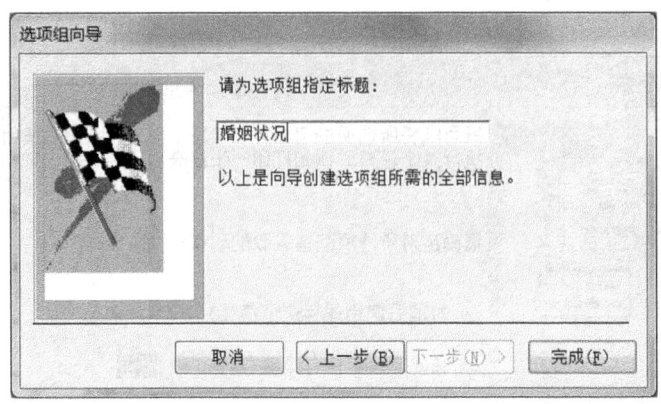

图 5-44 指定选项组标题

(8)单击"完成"按钮,保存窗体,切换到窗体视图查看运行效果。

窗体作为数据库与用户交互式访问的界面,其外观设计除了要为用户提供信息,还应该色彩搭配合理、界面美观大方、赏心悦目,提高用户工作效率。

5.3.6 任务6:创建教师相关信息窗体

操作步骤如下:

(1)打开"教学管理"数据库。

(2)在"创建"选项卡中选择"窗体"组,单击"窗体设计"按钮,打开窗体设计视图。在窗体设计工具中单击"工具"组的"添加现有字段"按钮,弹出字段列表对话框。将教师表的"教师编号"、"姓名"、"性别"、"出生日期"、"联系电话"、"电子邮件"和"家庭住址"字段拖入窗体的主体区域,再将人事档案表的最高学历和"职称"字段拖入窗体的主体区域。调整控件间的间距并对齐控件。

(3)全选标签控件,在右键快捷菜单里面单击"属性"按钮,打开属性表对话框。将字体设为"华文行楷",字号设为"12",倾斜字体设为"是",前景色设为"深红"。

(4)全选文本框控件,在右键快捷菜单里面单击"属性"选项,打开属性表对话框。将背景色设为"浅色文本",特殊效果设为"蚀刻"。

(5)在"属性表"对话框中给窗体设置一张背景图片,将图片缩放模式设为"拉伸"。美化效果如图5-45所示。

5　子任务：创建窗体

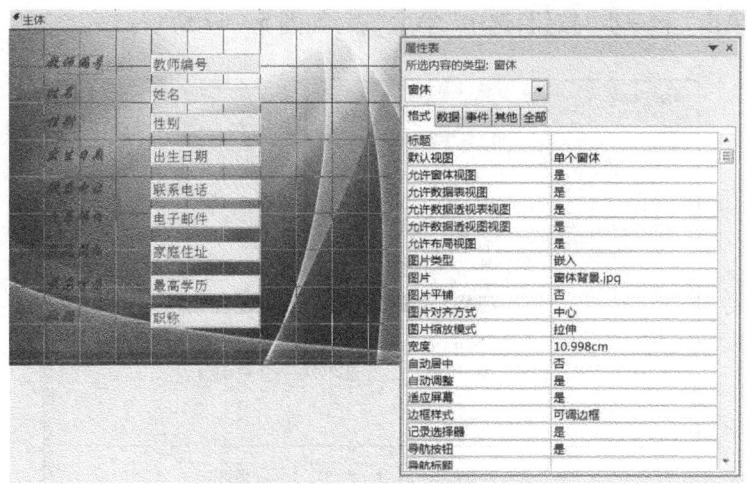

图 5-45　美化效果图

5.3.7　任务 7：根据姓名查询学生信息

设计一个窗体，可以选择学生的姓名，并根据选择的姓名打开另外一个窗体查看学生的详细信息。

分析：根据功能需求，第二个窗体打开后显示的是第一个窗体所选学生的详细信息。这就需要一个查询，把所选学生的详细信息查出来，作为第二个窗体的数据源。所以需要创建两个窗体对象和一个查询对象。

操作步骤如下：

(1) 创建选择学生窗体。

①打开"教学管理"数据库。

②在"创建"选项卡中选择"窗体"组，单击"窗体设计"按钮，打开窗体设计视图。新建一个窗体，并添加一个组合框控件，系统会自动打开"组合框向导"对话框，选中"使用组合框获取其他表或查询中的值"选项，如图 5-46 所示。

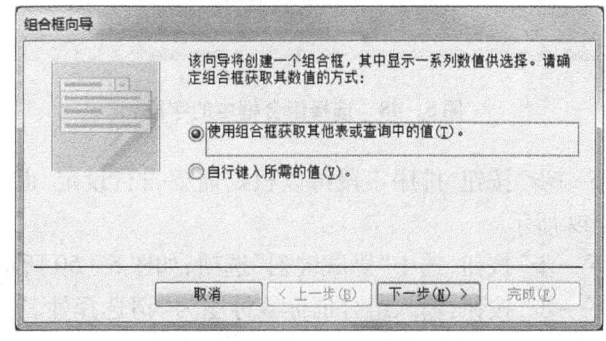

图 5-46　组合框向导对话框

③单击"下一步"按钮,选中"学生"表,如图5-47所示。

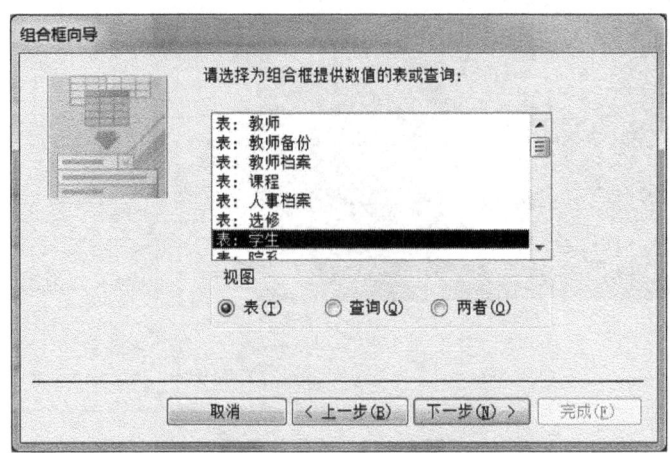

图5-47 选择数据源

④单击"下一步"按钮,将"姓名"字段设为选定的字段,如图5-48所示。

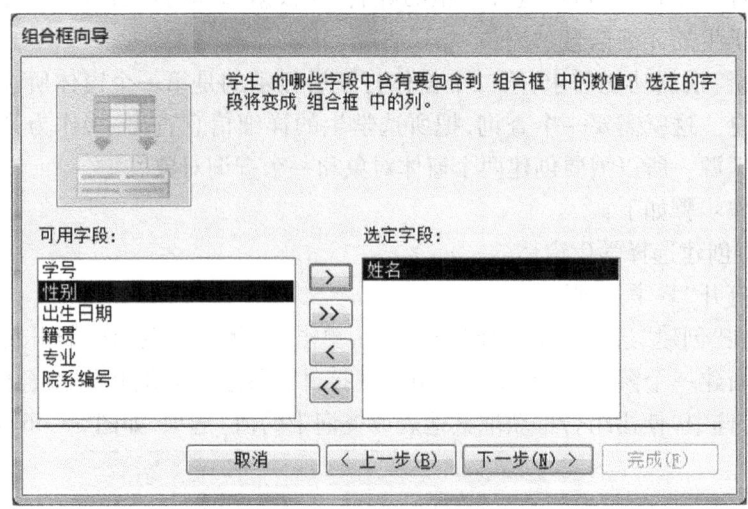

图5-48 选择组合框中的字段

⑤单击"下一步"按钮,排序字段可以根据需要自行设定,也可以不设排序字段,如图5-49所示。

⑥单击"下一步"按钮,选中"隐藏键列"选项,如图5-50所示。

⑦单击"下一步"按钮,输入组合框标签标题为"请选择姓名:",如图5-51所示。

图 5-49 选择排序字段

图 5-50 隐藏键列

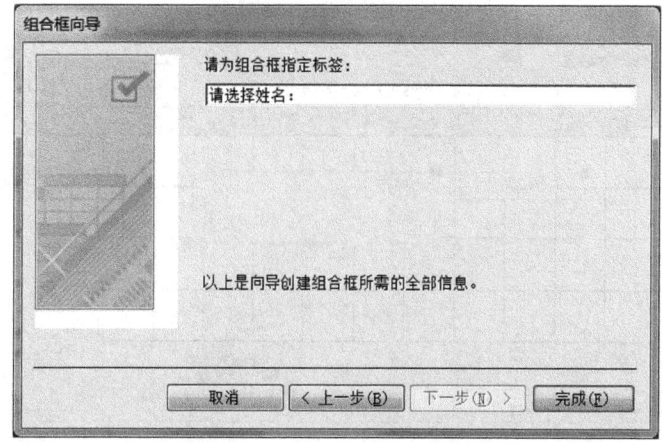

图 5-51 为组合框指定标签

⑧单击"完成"按钮,将组合框的"名称属性"修改为"stname",再将"绑定列"属性修改为"2"(默认为"1",代表组合框中存放学号信息,修改后存放姓名信息),如图5-52所示。

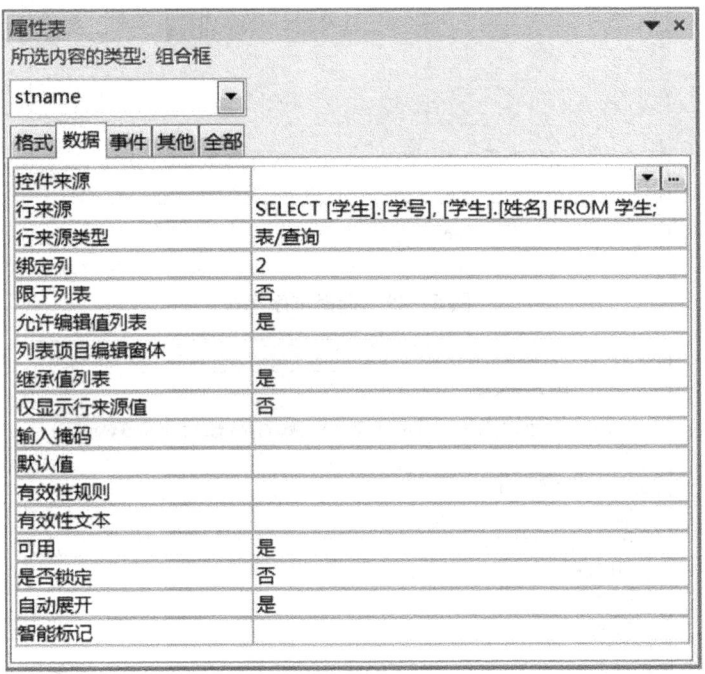

图5-52 设置绑定列属性

⑨适当调整窗体大小,并保存为"选择学生姓名",如图5-53所示。

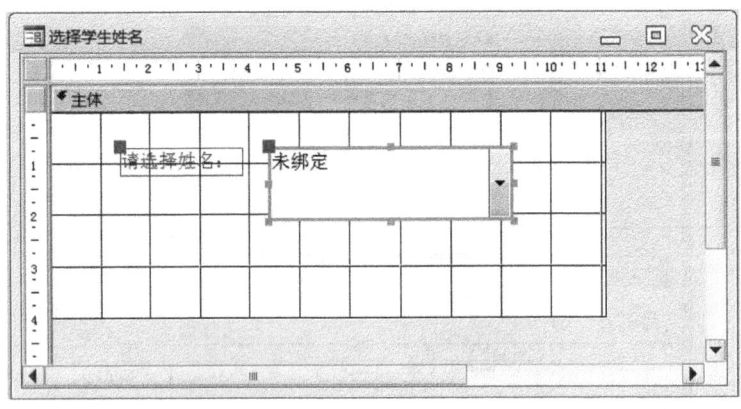

图5-53 保存窗体

(2)创建选择学生查询。

①在"创建"选项卡中选择"查询"组,单击"查询设计"按钮,打开查询设计视图。新建一个查询,选择"学生"表,并选择前8个字段,如图5-54所示。

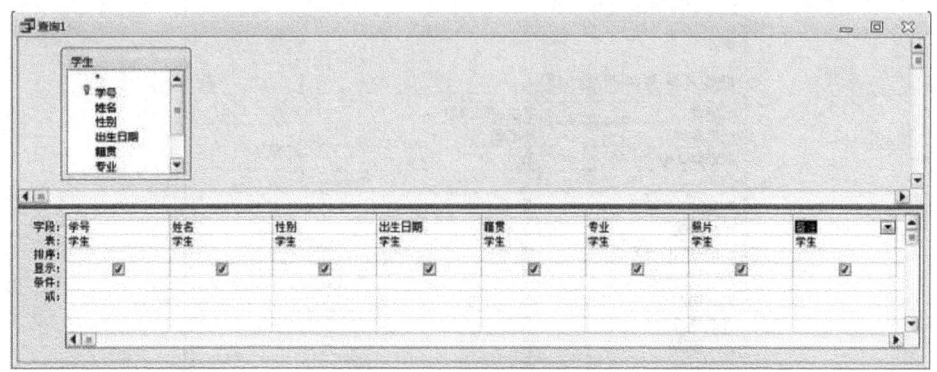

图5-54 选择查询字段

②右键单击"姓名"的条件,选择"生成器"选项,在弹出的表达式生成器中输入以下表达式:Forms![选择学生姓名]![stname],如图5-55所示。

图5-55 输入表达式

③单击"确定"按钮,完成查询设计,并保存为"学生详细信息"

(3)创建显示学生详细信息窗体。

①在"创建"选项卡中选择"窗体"组,单击"窗体设计"按钮,打开窗体设计

视图。新建一个窗体,并将其"记录源"属性设为查询"学生详细信息",如图 5-56 所示。

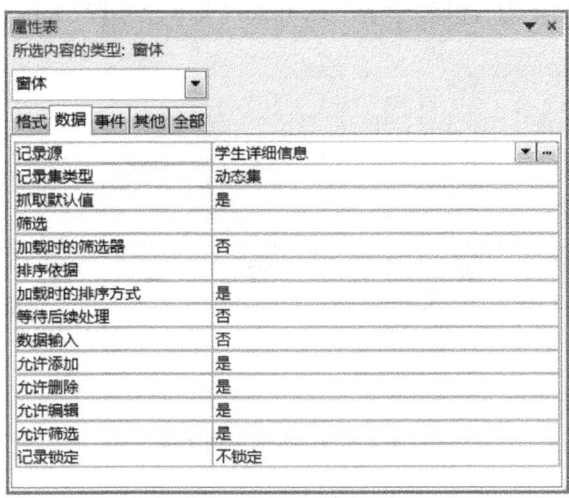

图 5-56 为窗体选择记录源

②将数据源的全部字段放入窗体,在窗体底部添加一个命令按钮,功能为"关闭窗体"。适当调整窗体和控件的大小,保存为"显示学生详细信息",如图 5-57 所示。

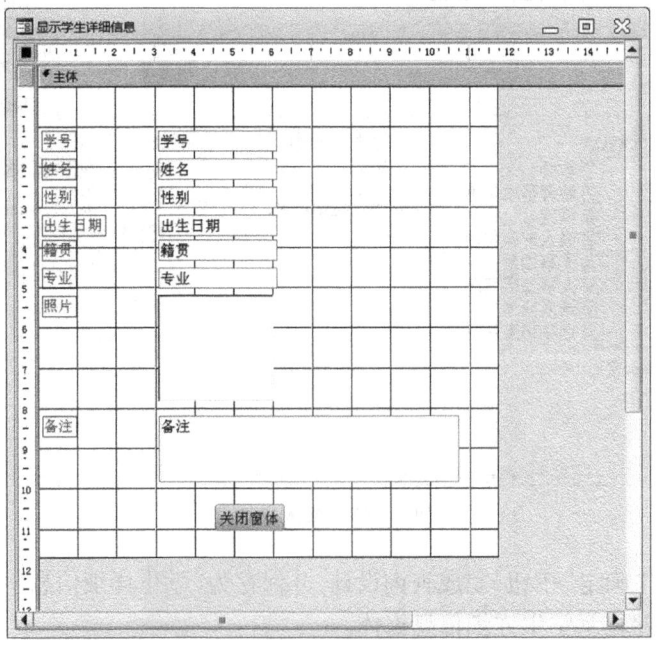

图 5-57 学生详细信息设计结果图

③在"选择学生姓名"窗体下部添加一个命令按钮,功能为打开"显示学生详细信息"窗体。

运行"选择学生姓名"窗体,选择学生"吴浩楠",如图 5 – 58 所示。

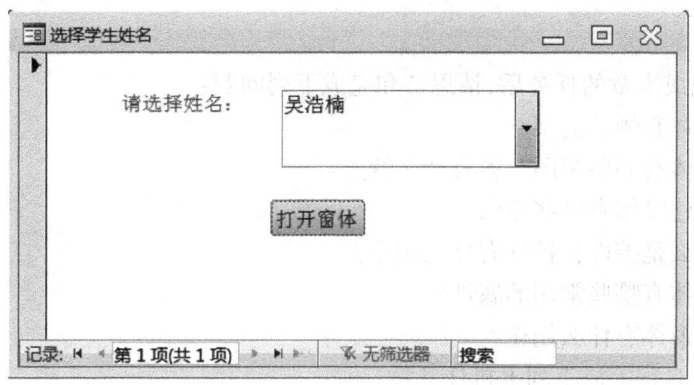

图 5 – 58　选择学生姓名

单击"打开窗体"按钮,则会显示该学生的详细信息,如图 5 – 59 所示。

图 5 – 59　显示学生详细信息

5.4 项目延伸

1. 完成本章的任务后,请思考和完成下列问题:
①窗体有哪些类型?
②窗体有哪些视图? 各有什么特点?
③创建窗体有哪些方法?
④什么是控件? 控件有什么用途?
⑤窗体有哪些常用的属性?
⑥子窗体有什么用途?
2. 请自行完成下列上机任务:
①使用自动创建窗体方法,在窗体中显示课程信息。
②使用窗体向导创建窗体,显示学生的选课成绩信息。
③使用窗体设计器创建窗体,显示教师的详细信息。
④设计一个窗体,可以使用组合框选择职称,然后在另外一个窗体中显示具有该职称的所有教师。
⑤使用子窗体技术,在教师信息窗体中查看其所授课程信息。

6

子任务：创建报表

6.1 项目任务描述

本章任务:以教学管理系统的表和查询为基础设计各模块的报表界面,通过报表实现特定格式的数据输出、数据分析与统计等功能。

6.2 项目预备知识

6.2.1 报表概述

在 Access 2010 系统中,数据库的打印工作是通过报表对象来实现的。报表是展示数据的一种有效方式,它可以快速分析数据,并以某种固定的格式来呈现数据。

报表是数据库中数据信息和文档信息输出的一种形式,它可以将数据库中的数据信息和文档信息以多种形式通过屏幕显示或打印机打印出来。

报表的数据来源可以是数据表或查询,报表可以对数据进行分组,也可以对数据进行分类汇总和统计。尽管报表在形式上与窗体和表有相似之处,但是它不能对数据源中的数据进行维护,只能够在屏幕上预览或者在打印机上输出。

6.2.2 报表的分类

Access 2010 系统的报表有 4 种类型:

6.2.2.1 纵栏式报表

纵栏式报表通常以垂直方式排列报表上的控件,每个字段显示在主体节的一个独立的行上,显示数据的方式类似于纵栏式窗体。

6.2.2.2 表格式报表

表格式报表以整齐的行、列形式显示数据,每条记录的所有字段的显示在主体节中的一行上,字段名标签显示在报表的页面页眉中。

6.2.2.3 图表报表

图表报表以图表形式显示信息,可以直观地显示数据的分析和统计信息。

6.2.2.4 标签报表

标签报表是报表的一种特殊类型,主要用于制作客户标签或物品标签。

6.2.3 报表的结构

报表的每一个部分称为一个"节"。报表除了有报表页眉、页面页眉、主体、页面页脚和报表页脚 5 个基本部分之外,还可以添加组页眉和组页脚,用于分组统计。

6.2.3.1 报表页眉

报表页眉仅在报表的首页打印输出。报表页眉主要用于打印报表的封面、制作时间、制作单位等只需一次输出的内容。通常把报表页眉设置成单独一页,可以包含图形和图片。

6.2.3.2 页面页眉

页面页眉的内容在报表每页头部打印输出,主要用于定义报表输出每一列的标题,也包含报表的页标题。页面页眉通常用来显示报表中的字段名称和分组名称等信息。

6.2.3.3 主体

主体是报表打印数据的主体部分,是显示数据的主要区域。可以将数据中的字段直接拖到主体节中,或者将报表控件放到主体区域用来显示数据内容。主体节是报表的关键内容,是不可缺少的项目,通常包含各类控件。

6.2.3.4 页面页脚

页面页脚的内容在报表的每页底部打印输出,主要用来打印报表页码、制表时间、制表人等信息。

6.2.3.5 报表页脚

报表页脚是整个报表的页脚,只在报表的最后一页底部打印输出,主要用于显示整个报表的汇总数据或者其他统计数据等。

6.2.3.6 组页眉和组页脚

给报表分组后才会出现组页眉和组页脚。组页眉显示在每组的开头,通常用于显示组名称等。组页脚出现在每组记录的末尾,通常用于显示该组的汇总信息。

6.2.4 报表视图

报表视图有 4 种,分别是设计视图、布局视图、报表视图和打印预览视图。

6.2.4.1 设计视图

报表的设计视图用于报表的创建和修改,它是设计报表对象的结构、布局、数据的分组与汇总特性的窗口。在设计视图下,可以设置控件的布局和属性。例如,可以设置字体、字号,对齐文本,应用颜色或者特殊效果等。

6.2.4.2 布局视图

布局视图是处在运行状态的报表。布局视图在显示数据的同时还可以调整报表设计,根据实际数据调整列宽和位置,向报表添加分组级别和汇总选项。

6.2.4.3 报表视图

报表视图是报表的显示视图,用于在显示器中显示报表内容。在报表视图下,可以对报表中的记录进行筛选、查找等操作。

6.2.4.4 打印预览视图

打印预览视图是报表运行时的显示方式,与报表的实际打印效果一致。使用打印预览功能可以按不同的缩放比例对报表进行预览,也可以对页面进行设置。

6.2.5 使用"报表"按钮创建报表

Access 2010 提供了 5 种创建报表的方法,分别是"报表"工具、"空报表"工具、利用报表向导创建报表、使用标签向导创建报表和使用设计视图创建报表。

"报表"工具是快速、自动创建报表的一种方法,数据源为表或者查询,所创建的是表格式报表。

【例 6-1】使用"报表"工具创建一个报表,名为"课程信息报表"。

操作步骤如下:

(1)打开"教学管理"数据库,在导航窗口选定或者打开"课程"表。

(2)在"创建"选项卡中选择"报表"组,单击"报表"按钮,系统将自动创建报表,并保存为"课程信息报表",如图 6-1 所示。

课程编号	课程名称	学分	学时	课程简介	授课教师编号
001	计算机基础	2	32		001001
002	数据库	4	64		001002
003	数据结构	4	64		001002
004	劳动安全概论	2	32		002001
005	古诗鉴赏	2	32		002002
	5				

图 6-1 课程信息报表

在本例中,系统在创建报表时对课程编号进行了统计,最后一行出现了一个"5",表示当前报表中有 5 门课程。在设计视图中能够看到,在报表页脚中插入了一个统计函数"count(*)",用来统计报表中的记录数。

6.2.6 创建空报表

创建空报表是指首先创建一个空白报表,然后将选定的数据字段添加到报表中,其数据源只能是表。该方法适合于报表中字段不太多的情形。

【例6-2】使用"空报表"工具创建一个报表,名为"教师信息报表"。

操作步骤如下:

(1)打开"教学管理"数据库。

(2)在"创建"选项卡中选择"报表"组,单击"空报表"按钮,系统将自动创建一个空报表,同时打开"字段列表"窗口。

(3)将教师表的"教师编号"、"姓名"、"性别"、"出生日期"、"联系电话"、"电子邮件"和"家庭住址"字段拖入报表的空表区域。

(4)将报表保存为"教师信息报表",如图6-2所示。

教师编号	姓名	性别	出生日期	联系电话	电子邮件	家庭住址
001001	温古	男	1975/5/9	010-56845125	wengu@sina.com	北京海淀区增光路45号
001002	张明华	女	1982/12/25	010-58953646	zmh@163.com	房山区加州水郡2号楼2-105
002001	曹阳	男	1974/6/9	010-34957390	caoy@qq.com	
002002	张丹丹	女	1980/5/12	010-23894729	zdd@sina.com	

图6-2 教师信息报表

6.2.7 使用向导创建报表

通过报表向导创建报表可以选择多个数据源,由系统提供的向导对话框输入需求,自动完成报表的设计。在向导对话框中可以选择字段,也可以对字段进行排序以及汇总。使用报表向导可以创建纵栏式报表和表格式报表。

【例6-3】使用报表向导工具创建一个报表,名为"教师工资信息报表"。

操作步骤如下:

(1)打开"教学管理"数据库。

(2)在"创建"选项卡中选择"报表"组,单击"报表向导"按钮,将弹出"报表向导"对话框。选定院系表中的"院系名称"字段和教师表中的"姓名""工资"字段,如图6-3所示。

(3)单击"下一步"按钮,在弹出的对话框里面确定查看数据的方式,如图6-4所示。

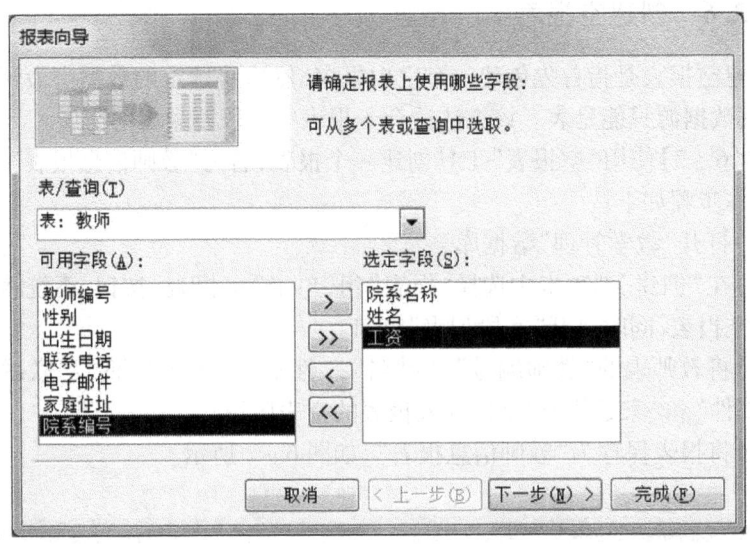

图6-3 选择报表字段

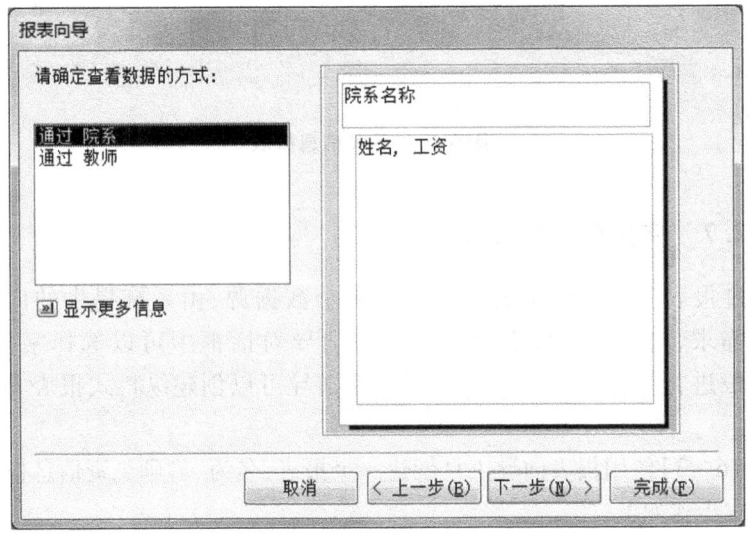

图6-4 选择查看数据的方式

(4)单击"下一步"按钮,在弹出的对话框里面确定分组级别,如图6-5所示。

(5)单击"下一步"按钮,在弹出的对话框里确定排序字段和汇总选项,如图6-6所示。

图6-5 添加分组级别

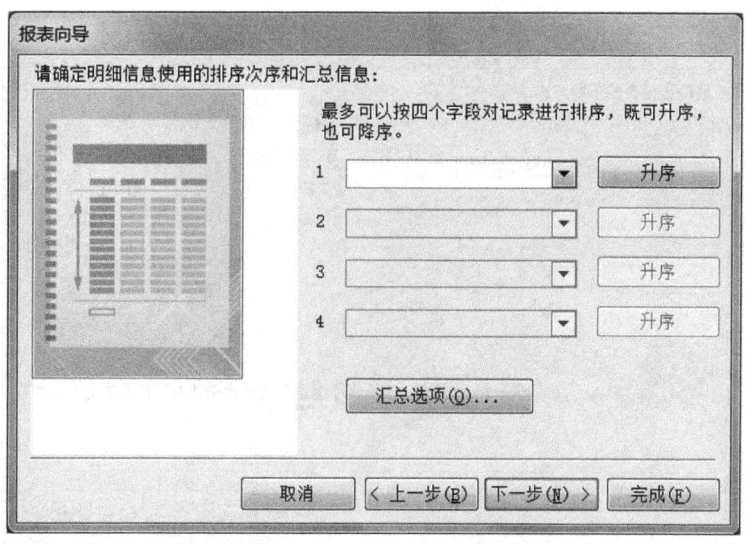

图6-6 选择排序和汇总信息

(6)单击"汇总选项"按钮,在弹出的对话框里选择"平均"复选按钮,如图6-7所示。然后单击"确定"按钮。

(7)单击"下一步"按钮,在弹出的对话框里确定布局方式,如图6-8所示。

(8)单击"下一步"按钮,在弹出的对话框里确定标题为"院系教师工资统

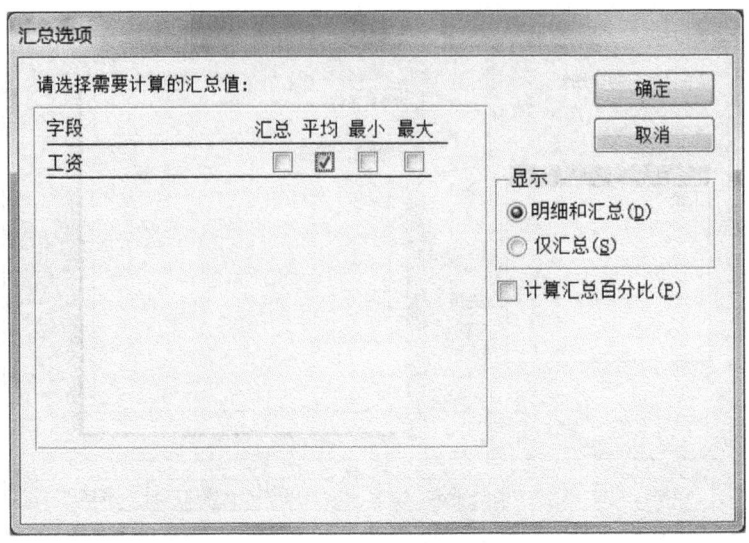

图 6－7　选择汇总选项

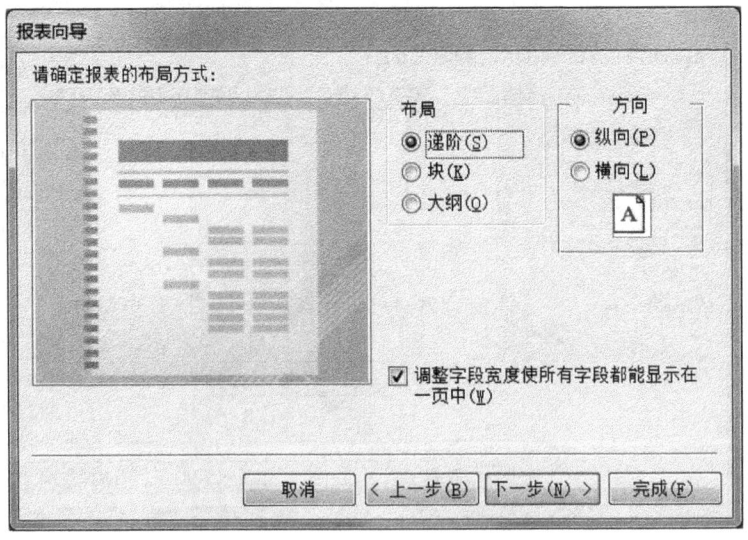

图 6－8　选择报表布局方式

计报表",如图 6－9 所示。

(9)单击"完成"按钮,系统自动保存创建的报表。生成的报表如图 6－10 所示。

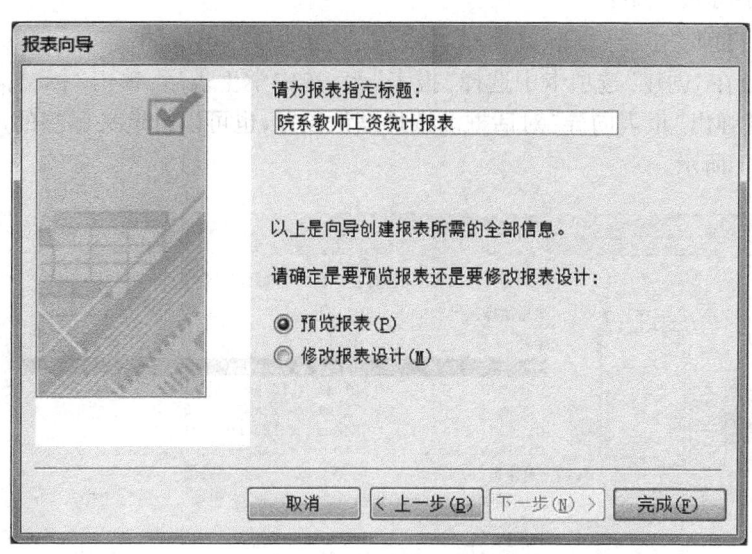

图 6-9 指定报表标题

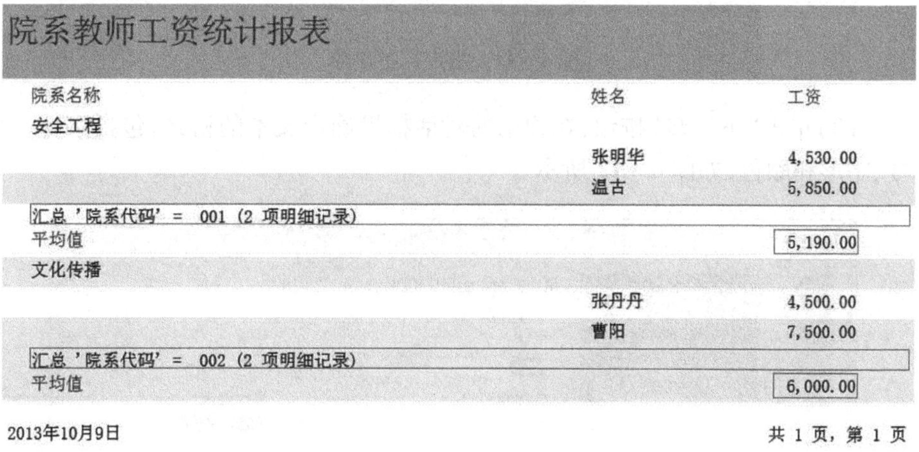

图 6-10 报表运行结果

6.2.8 使用标签向导创建报表

使用标签向导创建的报表称为标签报表,主要应用于信封制作、成绩单以及工资单等。利用标签向导可以快速生成标签报表。

【例6-4】使用标签向导工具创建一个报表,名为"学生标签报表"。

操作步骤如下：

(1)打开"教学管理"数据库。

(2)在"创建"选项卡中选择"报表"组,选中学生表后,单击"标签向导"按钮,将会弹出"报表向导"对话框。选择默认设置,也可以自定义标签的尺寸,如图 6 – 11 所示。

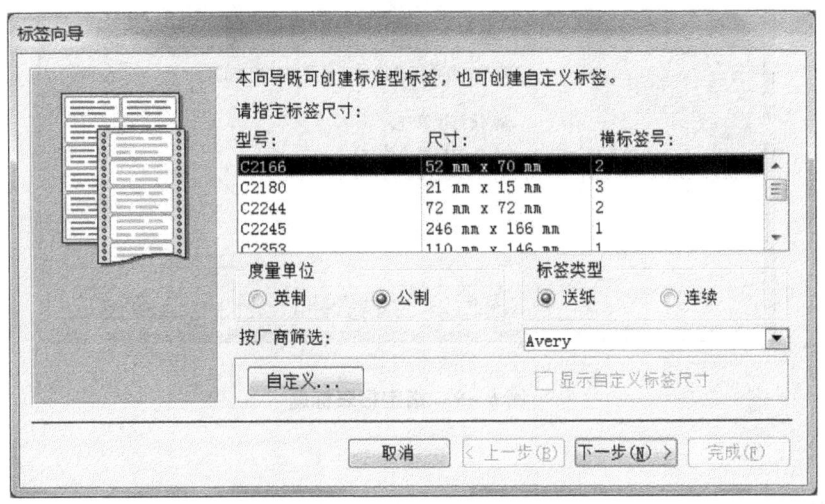

图 6 – 11　指定标签尺寸

(3)单击"下一步"按钮,在弹出的对话框里确定文本的格式,包括字体、字号、字形和颜色,如图 6 – 12 所示。

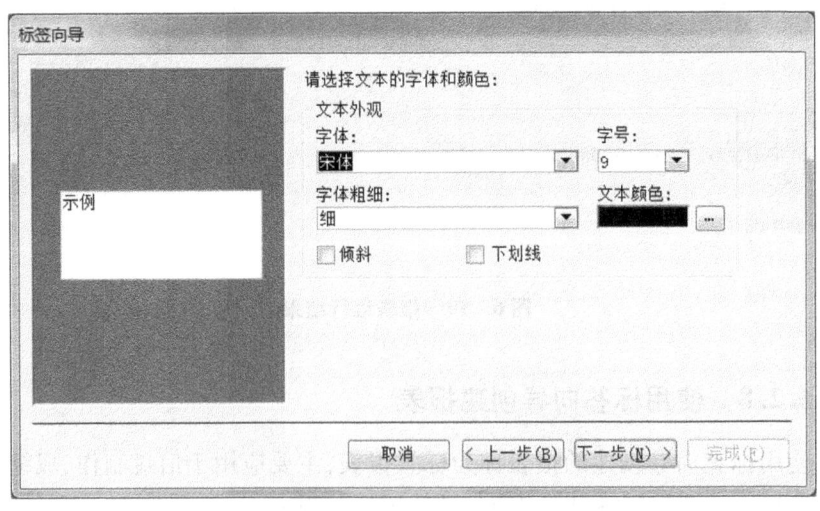

图 6 – 12　选择文本字体

(4)单击"下一步"按钮,在弹出的对话框里将"学号"、"姓名"、"性别"和"专业"4个字段添加到右边的原型标签列表框中,如图6-13所示。

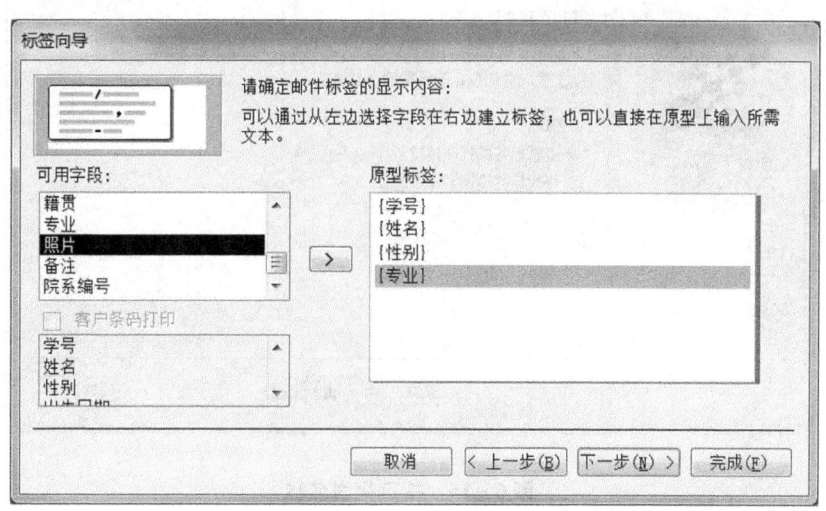

图6-13 选择标签字段

(5)单击"下一步"按钮,在弹出的对话框里将学号作为排序字段,添加到右侧的排序依据列表框中,如图6-14所示。

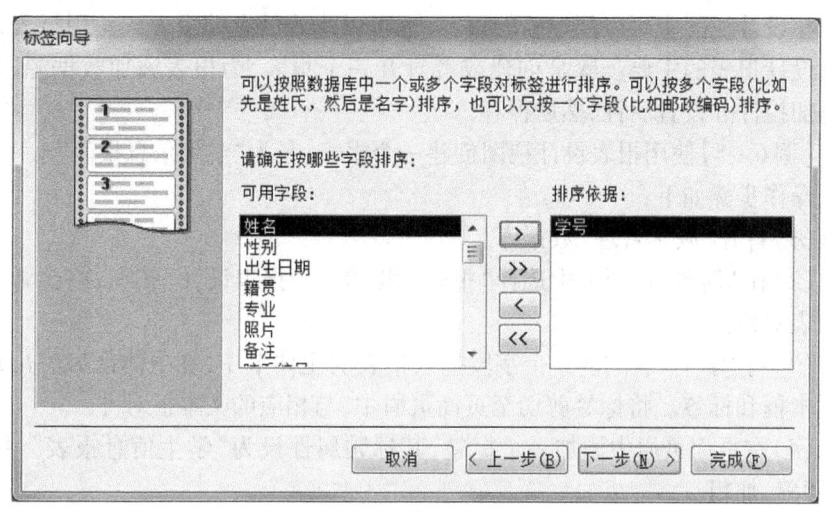

图6-14 选择排序字段

(6)单击"下一步"按钮,在弹出的对话框里将报表命名为"学生标签报表",如图6-15所示。

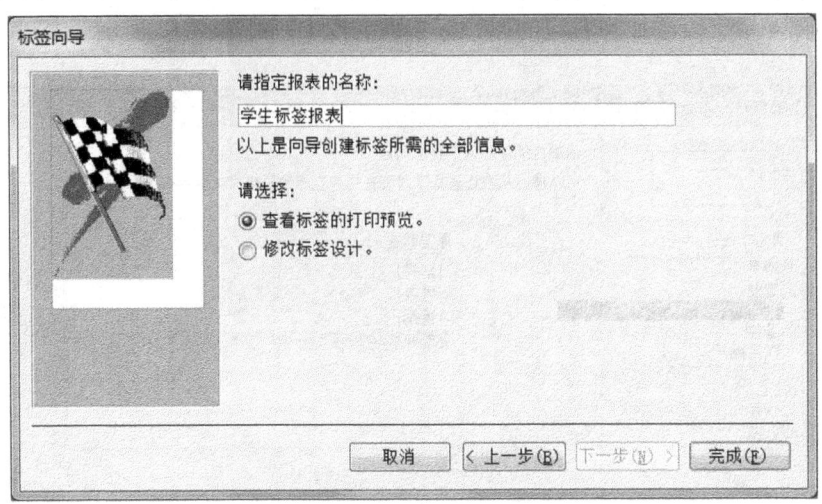

图6-15　指定报表名称

(7)单击"完成"按钮,标签报表创建完成,可在打印预览视图中查看报表内容。

6.2.9　在设计视图中创建报表

在设计视图中可以创建新的报表,也可以修改已有的报表。使用报表设计视图设计报表的主要步骤是创建或者打开一个报表,为报表添加数据源,为报表添加控件并设置属性,然后保存。

【例6-5】使用报表设计视图创建一个报表,名为"学生信息报表"。

操作步骤如下:

(1)打开"教学管理"数据库。

(2)在"创建"选项卡中选择"报表"组,单击"报表设计"按钮,将会弹出字段列表对话框。

(3)将"学生"表的前6个字段拖入报表的主体节中,在主体区域将出现绑定文本框和标签。将标签剪切至页面页眉中,与相应的文本框对齐。

(4)在页面页眉中添加一个标签,其标题属性设为"学生信息报表",16号字,倾斜,加粗。

(5)在页面页脚中添加一个文本框,将其"控件来源"属性设为" =date( )",将对应标签控件的标题设为"制表日期"。

(6)将报表保存为"学生信息报表",设计好的报表设计视图如图6-16所示。

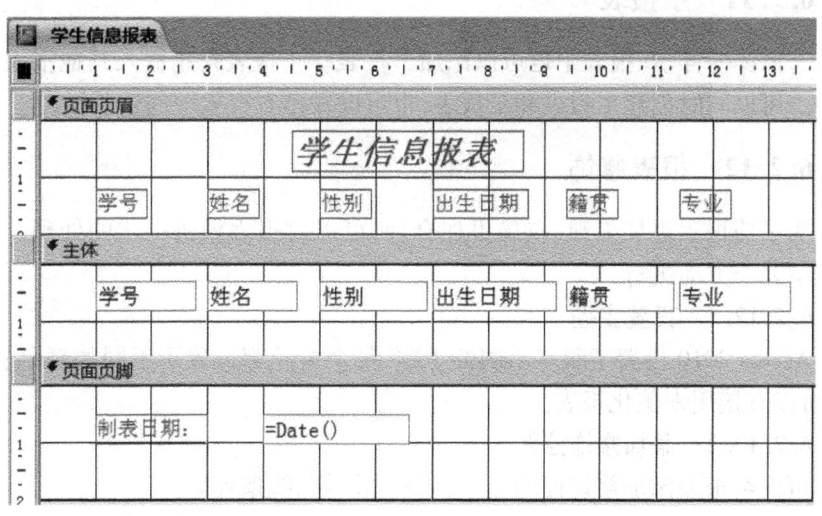

图 6-16　学生信息报表设计

6.2.10　报表的排序与分组

在输出报表时,通常按照一定的顺序对数据进行排列,使报表的信息更加清晰。而对数据量比较大的报表,还需要对报表进行分组,在组内对数据进行统计与计算。

【例 6-6】将"教师信息"报表按照姓名进行排序。

操作步骤如下:

(1)打开"教学管理"数据库。

(2)打开教师信息报表并切换到设计视图,在"分组、排序和汇总"组中单击"添加排序"按钮,选择"姓名"字段,在排序列表框中选择"升序"选项,如图 6-17 所示。

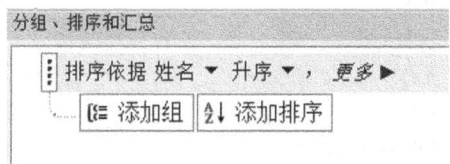

图 6-17　选择分组字段

(3)切换到打印预览视图,可以看到数据已经按照姓名升序排序了。

6.2.11 子报表

与窗体一样,在报表中也可以添加子报表。子报表是指嵌入其他报表中的报表。可以同时创建主报表和子报表,也可以在已有报表中创建子报表。

6.2.12 报表修饰

为了使报表更加美观,布局更加合理,可以对报表做进一步的处理。主要从以下几个方面进行:

6.2.12.1 设置主题

Access 2010 内置了很多不同的主题,每个主题都设置了不同的颜色、字体等,可以直接用来美化报表。

6.2.12.2 添加修饰控件

可以给报表添加修饰性的控件,如添加图像、线条等。

报表的主体、页眉、页脚位置都可以添加图片。根据图片大小和位置的不同,可以将图片用作徽标、横幅或者背景。

矩形和线条可以对主体部分进行分区,使报表更加易读,例如,用矩形将多个控件分组,用直线对其他控件进行分隔。

6.2.12.3 插入日期时间

报表是实时记录数据的文档,因此在报表输出的时候往往需要日期和时间信息。在报表的设计视图中单击"日期和时间"按钮,会弹出一个如图 6-18 所示的对话框。

图 6-18 日期时间对话框

单击"确定"按钮,系统将自动在报表页眉中插入显示日期和时间的文本框控件。

6.2.12.4 插入页码

如果报表的内容比较多,需要多页输出的时候,在报表中添加页码可以保证报表打印的次序。在报表的设计视图中单击"页码"按钮,会弹出一个对话框,如图 6-19 所示。

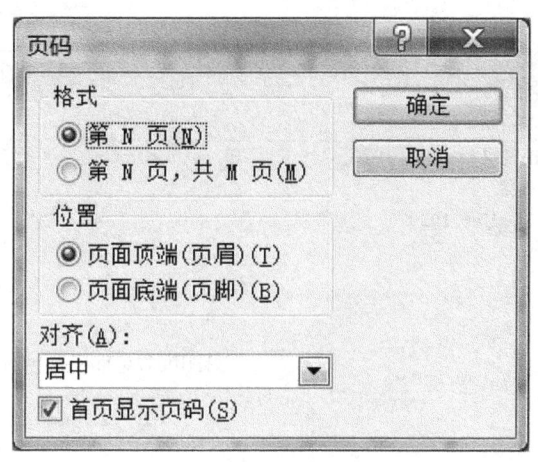

图 6-19 插入页码对话框

选择页码的格式,单击"确定"按钮后系统会在页面页眉中插入页码。

6.2.12.5 添加计算字段

在分组报表中往往会按照组别进行数据的汇总统计,在组页脚中插入文本框控件,在"控件来源"属性中利用公式来计算需要的数据,可以使数据的统计特征一目了然。

6.2.13 报表打印

报表在打印之前,应该在打印预览视图下进行相关设置。

6.2.13.1 页面设置

在报表设计工具的页面设置中可以设置纸张的大小、页边距、打印方向等,如图 6-20 所示。

6.2.13.2 报表打印

设置好页面后,选定要打印的报表对象,在打印预览视图下单击"打印"按钮就会弹出"打印"对话框,如图 6-21 所示。指定打印机的名称、打印范围以及打印份数,然后单击"确定"按钮。

图 6-20　页码布局选项

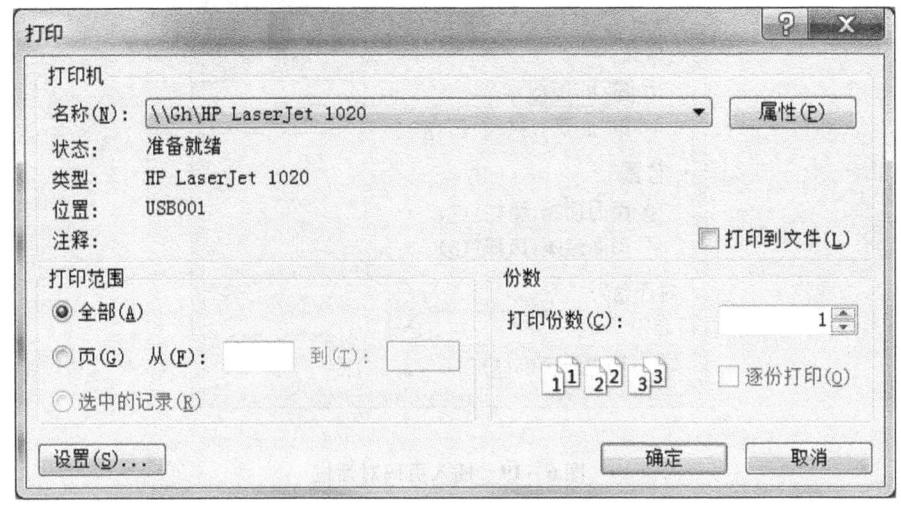

图 6-21　报表打印对话框

6.3　项目实施

6.3.1　任务1:使用报表设计视图创建图表报表

使用报表设计视图创建一个图表报表,名为"学生平均成绩统计图"。

操作步骤如下:

(1)打开"教学管理"数据库。

(2)在"创建"选项卡中选择"报表"组,单击"报表设计"按钮,将进入报表设计视图。在"控件"组中选择"图表"控件,将其拖入报表主体中并适当调整大小。系统将自动启动控件向导,打开"图表向导"对话框,如图6-22所示。

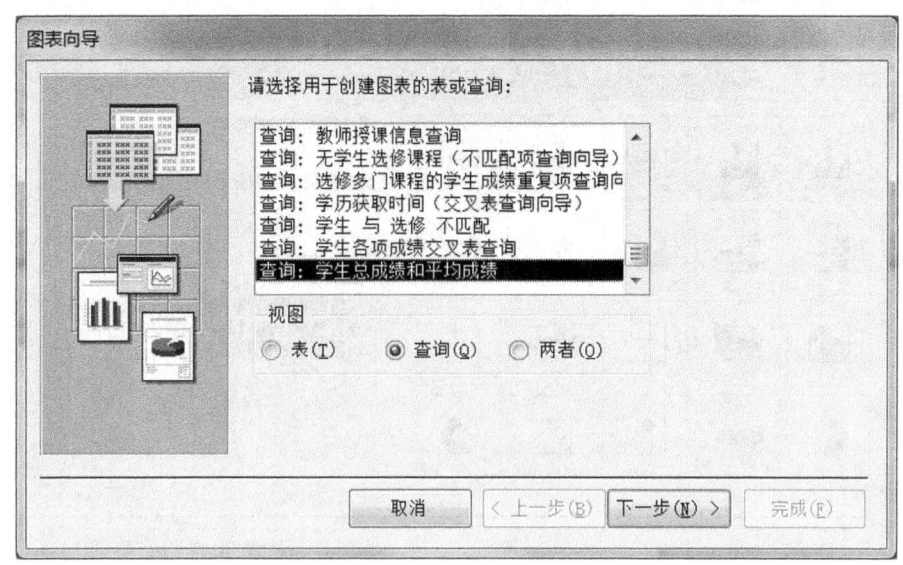

图 6-22　选择报表数据源

（3）选择"学生总成绩和平均成绩"查询，单击"下一步"按钮，弹出对话框，如图 6-23 所示。

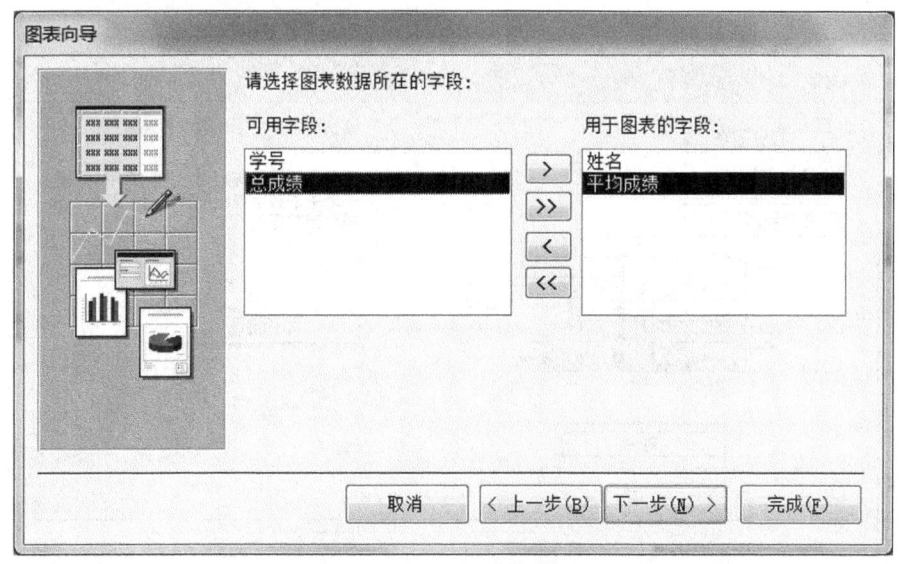

图 6-23　选择图表字段

（4）选择"姓名"和"平均成绩"字段作为用于图表的字段，单击"下一步"按钮,弹出对话框,如图 6-24 所示。

图 6-24 选择图表类型

(5)选择"三维柱形图"选项,单击"下一步"按钮,弹出对话框,如图 6-25 所示。

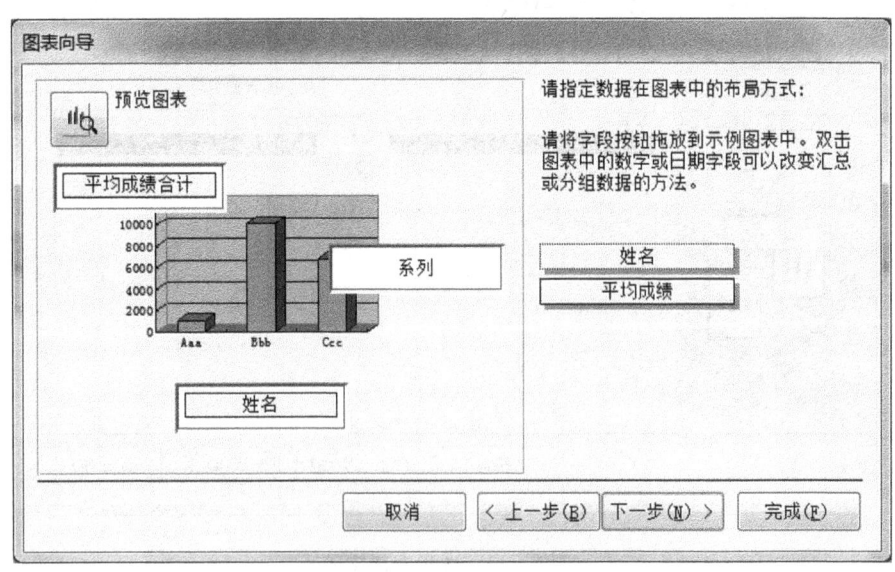

图 6-25 选择布局方式

(6)单击"下一步"按钮,将图表标题设定为"学生平均成绩统计图",如图 6-26 所示。

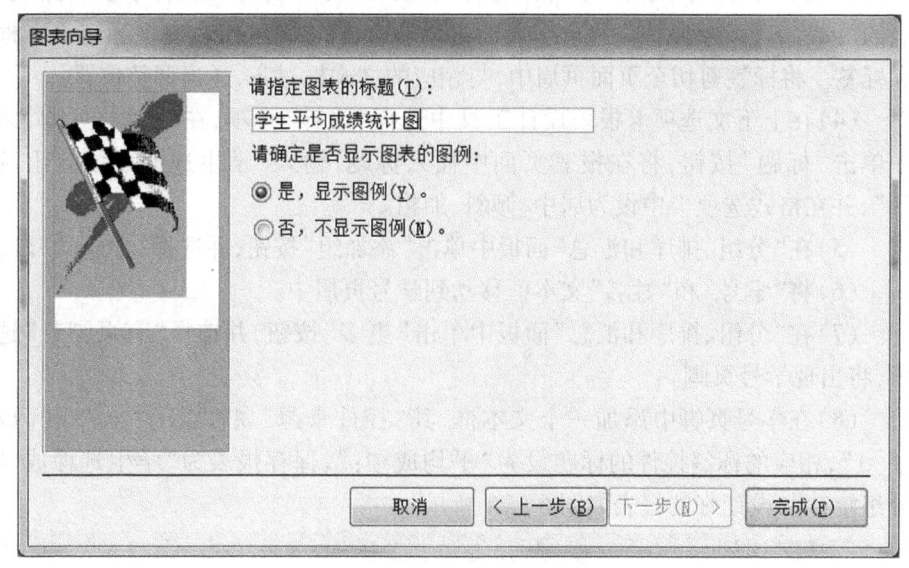

图 6-26 指定图表标题

(7)单击"完成"按钮,将报表保存为"学生平均成绩统计图",切换至报表视图,显示结果如图 6-27 所示。

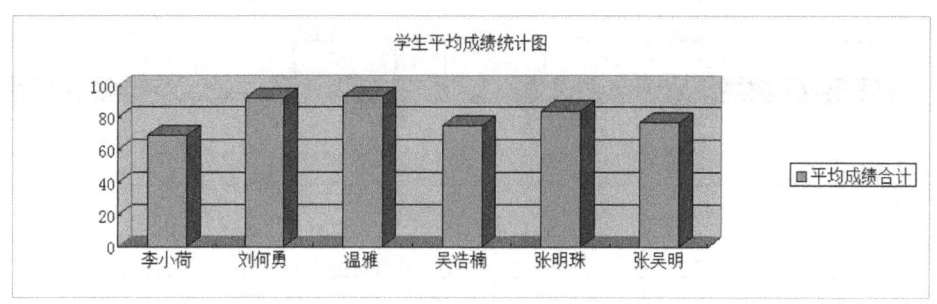

图 6-27 报表运行结果

6.3.2 任务 2:使用分组计算平均值

创建学生选课成绩报表,按照学号进行分组并计算每个学生的平均成绩。操作步骤如下:

(1)打开"教学管理"数据库。

(2)在"创建"选项卡中选择"报表"组,单击"报表设计"按钮,将弹出字段列表对话框。

(3)将"学生"表的"学号"和"姓名"字段、"选课"表的"成绩"字段、"课程"表的"课程名称"字段依次拖入报表的主体节中,在主体区域将出现绑定文本框和标签。将标签剪切至页面页眉中,与相应的文本框对齐,适当调整位置。

(4)在上下文选项卡报表设计工具中选择"设计"选项,在"页眉/页脚"组中单击"标题"按钮,将在报表页面中插入标题,输入"学生选课成绩分组统计",并在格式选项卡中设为居中、倾斜、加粗。

(5)在"分组、排序和汇总"面板中单击"添加组"按钮,并选择"学号"字段。

(6)将"学号"和"姓名"文本框移动到学号页眉中。

(7)在"分组、排序和汇总"面板中单击"更多"按钮,并选择"有页脚节"选项,将出现学号页脚。

(8)在学号页脚中添加一个文本框,其"控件来源"属性设为"= Avg([成绩])",相应的标签控件的标题设为"平均成绩:",保存报表为"学生选课成绩分组统计",设计好的报表如图6-28所示。

图6-28 分组报表设计

6.3.3 任务3:创建主/子报表

创建一个主/子报表,主报表的数据源为教师表,子报表的数据源为课程表,用于查看教师授课情况。

操作步骤如下:

(1)打开"教学管理"数据库。

(2)在"创建"选项卡中选择"报表"组,单击"报表"按钮,将会创建教师报表。

(3)切换至设计视图,在控件组里面选择"子窗体/子报表"控件,在报表主体中添加"子窗体/子报表"对象,在弹出的"子报表向导"对话框中单击"使用现有的报表和窗体"按钮,并选择"课程信息报表"选项,如图6-29所示。

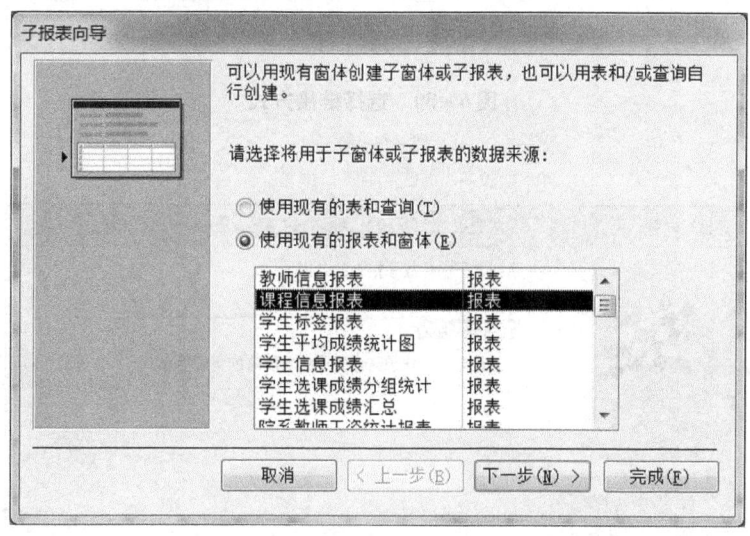

图6-29 选择子报表数据来源

(4)单击"下一步"按钮,在弹出的对话框中选择"从列表中选择"选项,如图6-30所示。

(5)单击"下一步"按钮,弹出如图6-31所示的对话框。

(6)单击"完成"按钮,将主报表保存为"教师授课信息报表",适当调整报表控件的布局,切换至报表视图即可查看报表效果。

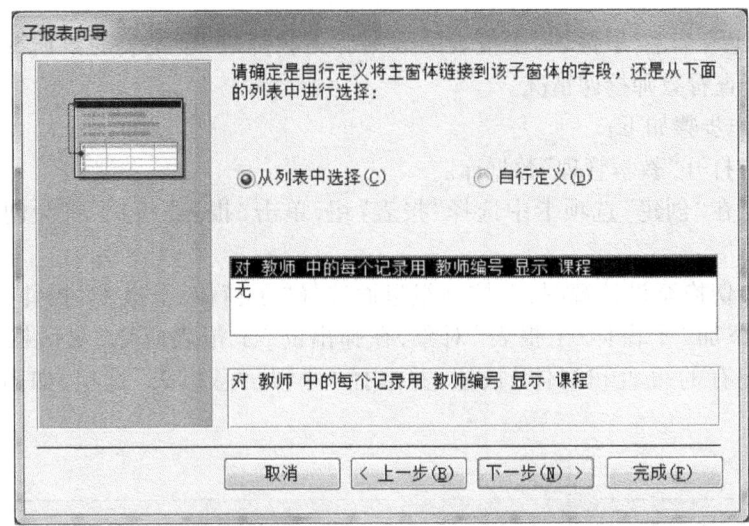

图 6-30　选择链接方式

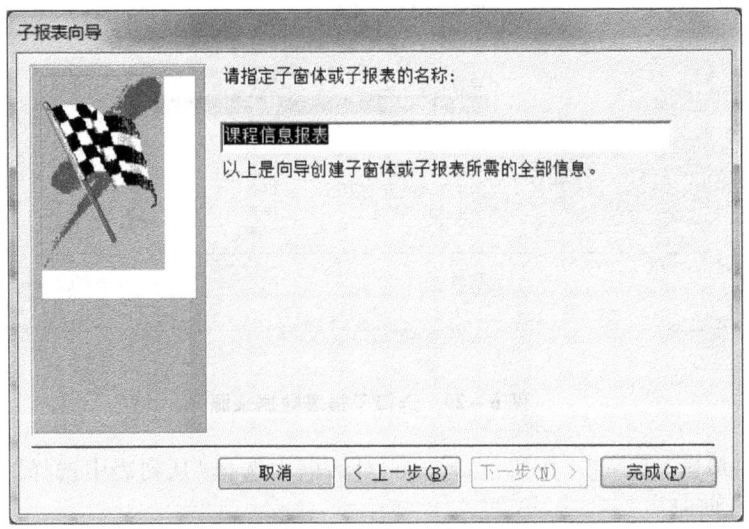

图 6-31　指定子报表名称

6.4 项目延伸

完成本章任务后,请思考和完成下列问题:

1. 报表有哪些类型?
2. 报表有哪些视图?各有什么特点?
3. 报表的报表页眉、页面页眉和组页眉各有什么用途?
4. 创建报表有哪些方法?
5. 报表与窗体有何不同?
6. 使用报表向导创建教师档案信息报表。
7. 使用报表分组计算男教师和女教师的平均工资。
8. 创建一个主/子报表,主报表的数据源为教师表,子报表的数据源为档案表,用于查看教师档案信息。

7

子任务：创建宏

7.1 项目任务描述

使用宏对象将前面任务中创建的各类数据库对象统一管理起来,建立下拉式菜单,完成主界面设计并可以调用其他数据库对象。

7.2 项目预备知识

7.2.1 宏概述

宏是由一个或者多个操作组成的集合,每个操作可以实现特定的功能。

宏可以由一个或者多个宏命令组成,如果由多个宏命令组成,操作动作的执行是按照其排列顺序先后执行的。可以将宏看作一种工具,能够在不编写代码的情况下执行某些任务。例如,将窗体中命令按钮的"单击"事件绑定到某个宏,则单击该按钮时执行绑定的宏命令。

使用宏可以提高数据库的使用效率,它可以将表、查询、窗体和报表等其他数据库对象组织起来,使之相互驱动和调用,并能够协调统一管理,使数据库系统的功能更加强大。

宏比模块更容易掌握,用户不必懂编程,只要了解宏命令就可以完成特定的任务。

7.2.2 宏的分类

Access 2010 提供了 80 多个宏操作命令。根据宏的用途的不同,可以将它们分成以下 8 类:

(1)窗口管理命令。
(2)宏命令。
(3)筛选/查询/搜索命令。
(4)数据导入导出命令。
(5)数据库对象命令。
(6)数据输入命令。
(7)系统命令。

(8)用户操作命令。

7.2.3 常用的宏命令

表 7-1 列出了比较常用的宏命令。

表 7-1 常用的宏命令

宏命令	功 能
AddMenu	创建菜单栏或快捷菜单
AddlyFilter	用筛选、查询或 SQL 语句的 Where 子句来选择表、窗体或报表中显示的记录
Beep	使计算机的扬声器发出嘟嘟声
CancelEvent	取消引起宏操作的事件
Close	关闭指定的数据库对象,包括表、查询、窗体、报表或模块窗口
CopyObject	复制数据库对象
DeleteObject	删除数据库对象
Echo	运行宏时,显示或不显示状态信息
FindRecord	在表、查询或窗体中查找指定条件的第一条记录
FindNext	依据 FindRecord 操作使用的查找准则查找下一条记录
GotoControl	将光标移动到窗体中特定的控件上
GotoPage	将光标移动到窗体中特定页的第一个控件上
GotoRecord	在表、查询或窗体中,添加新记录或将光标移动到指定的记录
Hourglass	当运行宏时,鼠标指针显示为沙漏状
Maximize	最大化活动窗口
MessageBox	弹出消息框
Minimaze	最小化活动窗口
MoveSize	移动或调整活动窗口的尺寸
OpenForm	打开窗体
OpenQurey	打开查询
OpenTable	打开表
OpenReport	打开报表

7.2.4 事件

事件是一种对象可以辨认的动作,如单击鼠标、按下某个键等。
Microsoft Access 可以响应多种类型的事件:鼠标单击、数据更改、窗体打开或关闭及许多其他类型的事件。事件的发生通常是用户操作的结果。

事件过程是由宏或程序代码构成的用于处理引发的事件或由系统触发的事件运行过程。

Access 2010 中的事件可以分为窗口事件、数据事件、焦点事件、键盘事件、鼠标事件、打印事件等。

Access 2010 可以通过窗体控件和报表的特定属性识别某一个事件,当用户执行 Access 2010 能识别的事件时,都能够导致 Access 2010 执行一个宏,这就是所谓的事件触发操作。

7.2.5 宏设计窗口

在 Access 2010 中,宏设计窗口是创建宏的唯一环境,该界面也称为宏生成器窗口,如图 7-1 所示。

图 7-1 宏生成器窗口

首次打开宏生成器时,会显示"添加新操作"窗口和"操作目录"面板。单击"添加新操作"右边的下拉箭头,可以选择宏命令。在"操作目录"面板中,"程序流程"项用于组织宏或者改变宏操作的执行顺序;"操作"项将宏操作按照类别进行分组。当选中一个选项时,操作目录面板的底部会出现简单的解释。

7.2.6 宏的建立与保存

在宏设计窗口,可以方便地编辑一条或者多条宏命令。

【例7-1】使用宏设计窗口创建一个宏,用于打开数据库中的"教师基本信息"窗体,并命名为"打开教师基本信息窗体"。

操作步骤如下:

(1)打开"教学管理"数据库,选择"创建"选项卡中的"宏与代码"组,单击"宏"按钮,打开"宏设计"窗口。

(2)系统自动创建默认名为"宏1"的宏对象,在"添加新操作"组合框中执行"OpenForm"命令。

(3)系统根据选择的宏命令自动弹出填写参数的界面,将"窗体名称"参数选定为"教师基本信息",如图7-2所示。

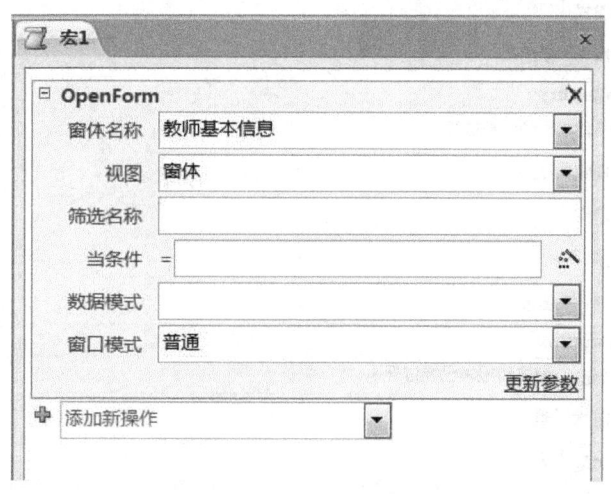

图7-2 选择窗体参数

(4)将宏保存为"打开教师基本信息窗体"。

【例7-2】使用宏设计窗口创建一个宏,用于打开数据库中的"教师"窗体和"教师信息报表",并弹出消息"窗体和报表已经打开!",将该宏命名为"打开多个对象"。

操作步骤如下:

(1)打开"教学管理"数据库,选择"创建"选项卡中的"宏与代码"组,单击"宏"按钮,打开"宏设计"窗口。

(2)系统自动创建默认名为"宏1"的宏对象,在"添加新操作"组合框中执行"OpenForm"命令,将"窗体名称"参数选定为"教师"。

(3)继续在"添加新操作"组合框中执行"OpenReport"命令,将"报表名称"参数选定为"教师信息报表"。

(4)继续在"添加新操作"组合框中执行"MessageBox"命令,将"消息"参数填写为"窗体和报表已经打开!"。

(5)将宏保存为"打开多个对象",如图7-3所示。

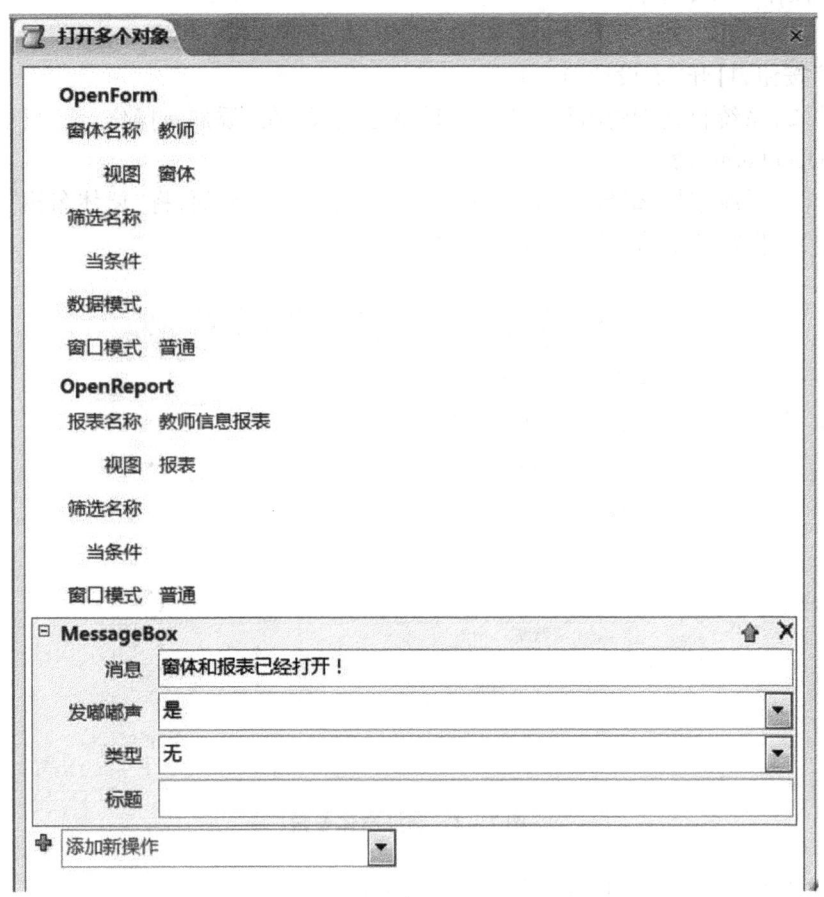

图7-3 打开多个对象宏

7.2.7 宏组的建立

宏组是指一个宏文件中包含一个或多个宏,这些宏称为子宏。在宏组中,每个子宏都是独立的,互不相关。在宏组中,每个子宏都必须定义一个唯一的名称,以方便调用。

创建宏组与创建宏的方法类似,需要打开宏设计窗口,不同的是在创建过程中为每个子宏命名。宏组中宏的调用格式为:宏组名.宏名。

【例7-3】在"教学管理"数据库中,创建一个宏组,其中包括3个宏操作,分别是打开教师表、打开查询"计算教师年龄"、打开窗体"教师基本信息"。

操作步骤如下：

（1）打开"教学管理"数据库，选择"创建"选项卡中的"宏与代码"组，单击"宏"按钮，打开"宏设计"窗口。

（2）在"操作目录"窗格中单击程序流程中的子宏命令"SubMacro"，在子宏名称文本框中将默认名称"Sub1"改为"打开教师表"，在"添加新操作"组合框中执行命令"OpenTable"，设置表名称为"教师"。

（3）用同样方法添加子宏"计算教师年龄"和"打开教师基本信息"，宏命令为"OpenQuery"和 OpenForm，将该宏组保存为"宏组_打开不同对象"，结果如图7-4所示。

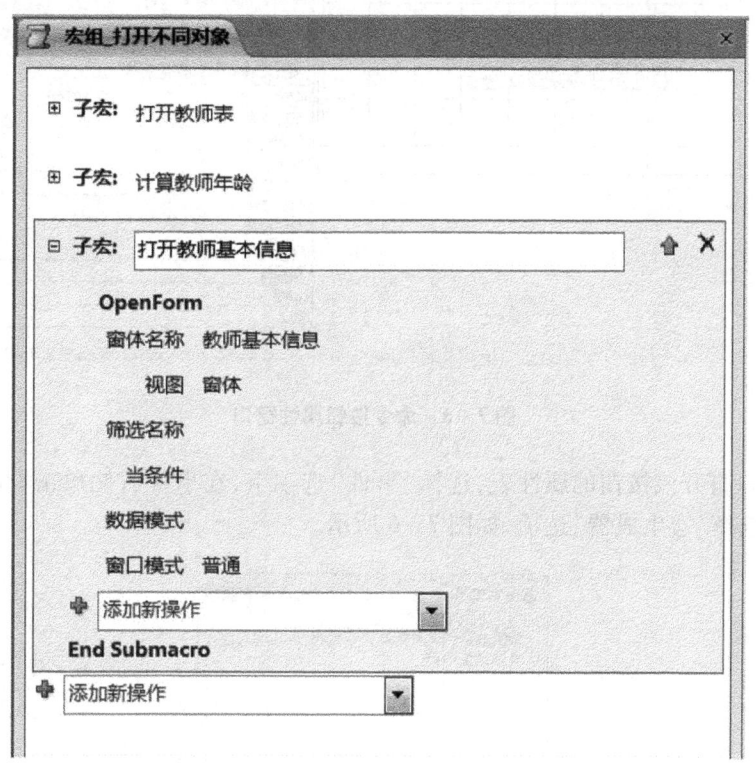

图7-4　打开不同对象宏组设计界面

7.2.8　嵌入宏

创建在对象事件中的宏称为嵌入宏，这类宏不显示在导航窗格中，它们通过对象事件（比如单击事件）来调用。

【例7-4】在"教学管理"数据库中创建一个窗体，通过窗体上的按钮使用嵌入宏打开"人事档案"窗体。

操作步骤如下：

(1)打开"教学管理"数据库,选择"创建"选项卡中的"窗体"组,单击"窗体设计"按钮,打开窗体设计窗口。

(2)添加一个命令按钮,将其标题修改为"打开人事档案窗体",如图7-5所示。

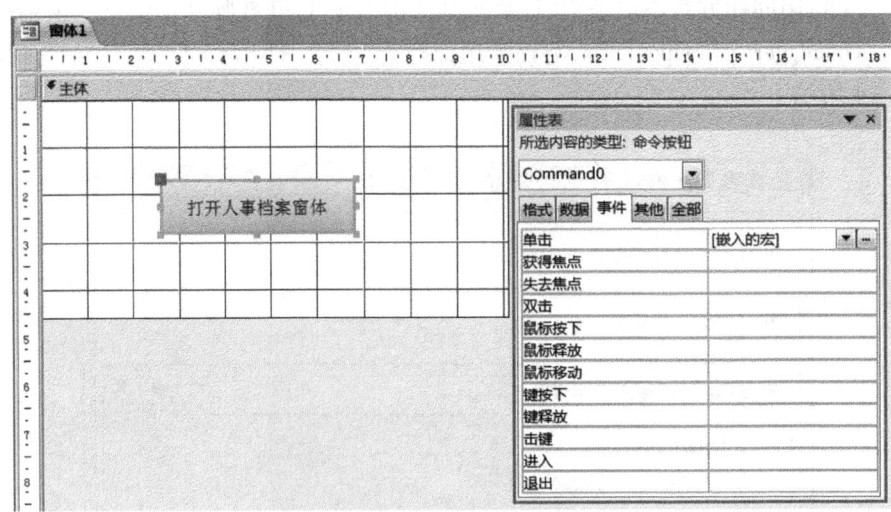

图7-5　命令按钮属性窗口

(3)打开该按钮的属性表,选择"事件"选项卡,在事件右侧单击"生成器"按钮,选择"宏生成器"选项,如图7-6所示。

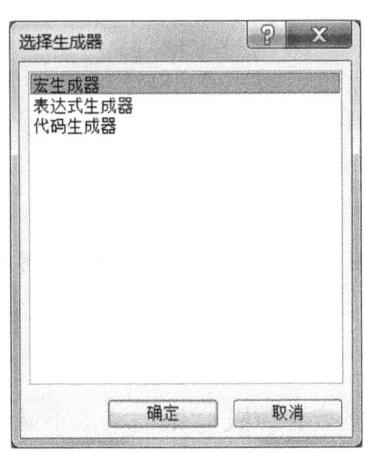

图7-6　选择宏生成器

(4)单击"确定"按钮,进入宏设计窗口,选择"OpenForm"操作,并选择人事档案窗体作为窗体名称参数。

(5)保存宏,并保存窗体为"嵌入宏窗体样例"。

7.2.9 宏的运行

运行宏有多种方式,可以直接运行,也可以间接调用。对宏组来说,如果直接双击运行的话,仅执行第一个子宏。如果需要运行宏组中的任何一个子宏,需要使用"宏组名.宏名"的方式来指定具体要运行的宏。

7.2.9.1 直接运行宏

宏可以直接运行,具体有以下几种方式:

(1)在导航窗格的宏对象中双击想要运行的宏。

(2)在宏设计窗口中单击工具组中的运行按钮。

(3)在"数据库工具"选项卡中执行"运行宏"命令,选择想要运行的宏。

7.2.9.2 从宏命令中调用宏

利用宏命令可以调用已经建立的宏。

【例7-5】在"教学管理"数据库中创建一个宏,使用它调用已经建立的宏"打开多个对象"。

操作步骤如下:

(1)打开"教学管理"数据库,选择"创建"选项卡中的"宏与代码"组,单击"宏"按钮,打开"宏设计"窗口。

(2)在"操作目录"窗格中执行程序流程中的子宏命令"RunMacro",在宏名称文本框中选择宏"打开多个对象",如图7-7所示。

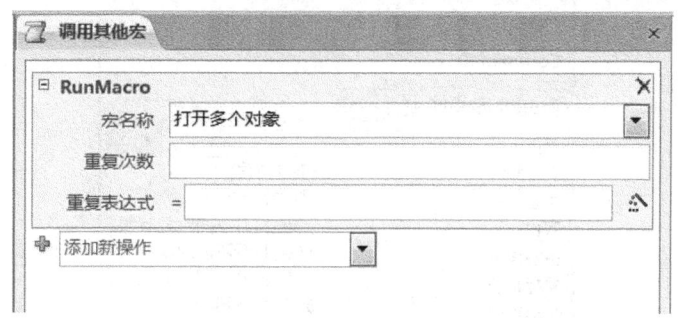

图7-7 调用其他宏

(3)将宏保存为"调用其他对象",运行该宏,查看运行效果。

7.2.9.3 触发事件运行宏

可以将宏赋予某个对象控件的事件属性值,通过触发事件运行宏。

【例7-6】在"教学管理"数据库中,创建一个宏"版权所有",并创建一个版权窗体来调用它。

操作步骤如下:

(1)打开"教学管理"数据库,选择"创建"选项卡中的"宏与代码"组,单击"宏"按钮,打开"宏设计"窗口。

(2)在"添加新操作"文本框中执行宏命令"MessageBox",在消息文本框中输入"版权所有,盗版必究!",如图7-8所示。

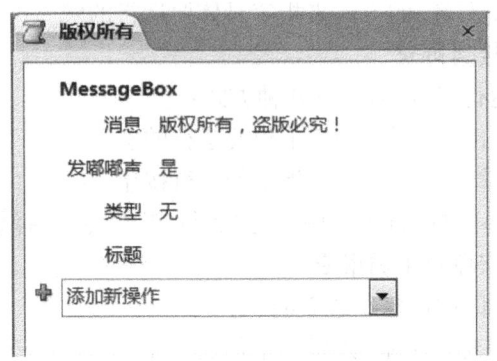

图7-8　版权所有宏设计界面

(3)将宏保存为"版权所有"。

(4)新建一个窗体,并添加一个命令按钮控件。将命令按钮控件的标题属性修改为"版权声明",并在其属性表中事件选项卡的单击事件中选择宏"版权所有",如图7-9所示。

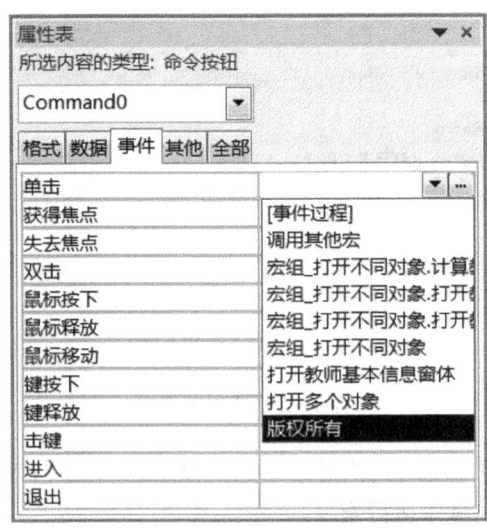

图7-9　设置命令按钮的单击事件

(5)将窗体保存为"版权窗体"。

(6)运行版权窗体,单击"版权声明"按钮可以查看宏运行的结果。

7.3 项目实施

7.3.1 任务1:制作菜单

在"教学管理"数据库中创建一个"菜单界面"窗体,使之具备下拉式菜单和按钮控件来调用其他数据库对象。

操作步骤如下:

(1)打开"教学管理"数据库,选择"创建"选项卡中的"宏与代码"组,单击"宏"按钮,打开"宏设计"窗口。

(2)在"操作目录"窗格中执行程序流程中的子宏命令"Submacro",在子宏文本框中输入"打开学生表"。执行宏命令"OpenTable",将表名称参数设为表"学生"。

(3)在子宏"打开学生表"下面通过执行子宏命令"Submacro"增加另外一个子宏"打开学生窗体",执行宏命令"OpenForm",将窗体名称参数设为窗体"学生基本信息"。

(4)在子宏"打开学生窗体"下面通过执行子宏命令"Submacro"增加另外一个子宏"打开学生报表",执行宏命令"OpenReport",将报表名称参数设为报表"学生信息报表"。

(5)将该宏组保存为"菜单1(学生信息)",如图7-10所示。

(6)新建一个宏组,里面包含子宏"教师授课信息"和"教师信息报表",执行"OpenQuery"和"OpenReport"宏命令,分别打开"教师授课信息查询"和"教师信息报表",如图7-11所示。将该宏组保存为"菜单2(教师信息)"

(7)新建一个宏组,里面包含子宏"教师人事档案"和"学生成绩统计",执行"OpenForm"和"OpenReport"宏命令,分别打开窗体"人事档案信息"和报表"学生选课成绩分组统计",如图7-12所示。将该宏组保存为"菜单3(其他)"

(8)新建一个宏,在"添加新操作"文本框中执行宏命令"AddMenu",菜单名称为"学生信息",菜单宏名称为"菜单1(学生信息)";同样执行宏命令"AddMenu",添加菜单"教师信息"和"其他",菜单宏名称分别为"菜单2(教师信息)"和"菜单3(其他)"。将该宏保存为"宏菜单",如图7-13所示。

(9)新建一个窗体,在其属性表中将"菜单栏"属性修改为"宏菜单",将该

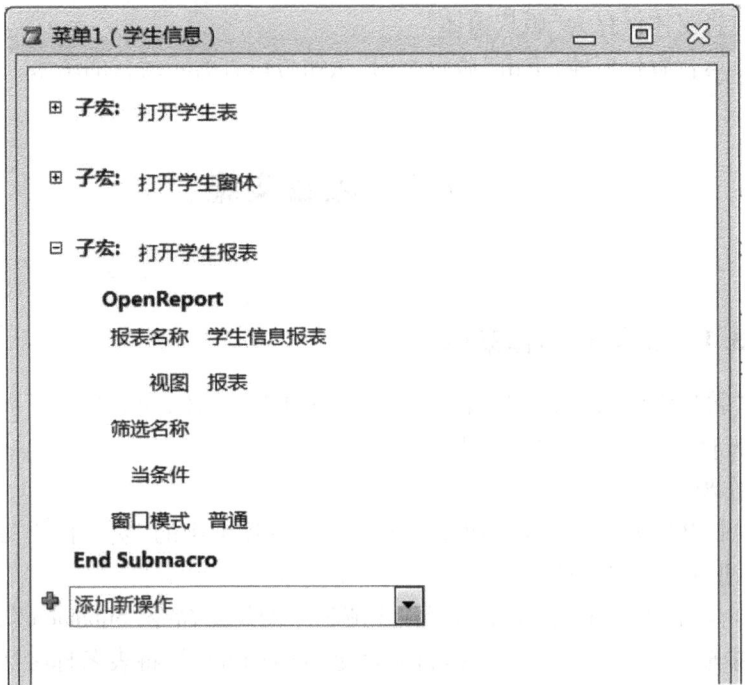

图7-10 宏"菜单1(学生信息)"设计界面

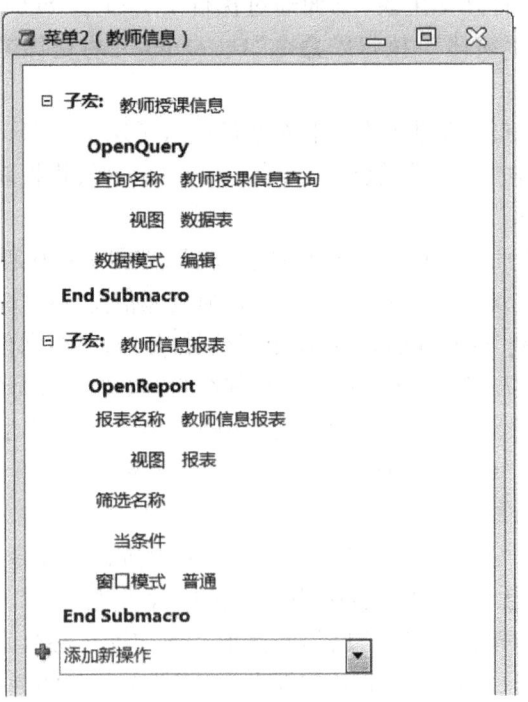

图7-11 宏"菜单2(教师信息)"设计界面

7 子任务:创建宏

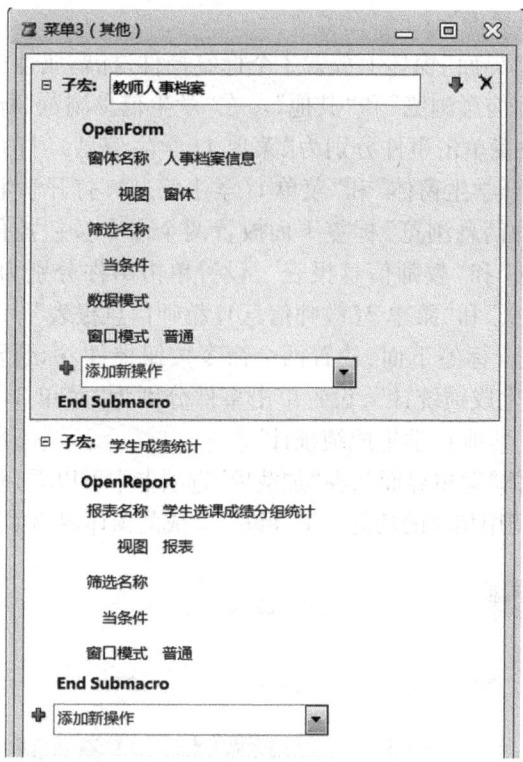

图 7-12 宏"菜单3(其他)"设计界面

图 7-13 宏"宏菜单"设计界面

窗体保存为"菜单界面"。

（10）在"菜单界面"窗体上放置3个标签控件，标题属性分别设置为"学生信息浏览"、"教师信息浏览"和"其他"。在"学生信息浏览"标签下面放置3个命令按钮控件，设置单击事件分别为"菜单1（学生信息）.打开学生表"、"菜单1（学生信息）.打开学生窗体"和"菜单1（学生信息）.打开学生报表"。

（11）在"教师信息浏览"标签下面放置两个命令按钮控件，标题属性设置为"教师授课信息"和"教师信息报表"，设置单击事件分别为"菜单2（教师信息）.教师授课信息"和"菜单2（教师信息）.教师信息报表"。

（12）在"其他"标签下面，放置两个命令按钮控件，标题属性设置为"查看教师档案"和"学生成绩统计"，设置单击事件分别为"菜单3（其他）.教师人事档案"和"菜单3（其他）.学生成绩统计"。

（13）运行窗体"菜单界面"，在"加载项"选项卡中可以看到制作的菜单，也可以使用命令按钮调用相应的功能。最终设计完成的窗体界面如图7-14所示：

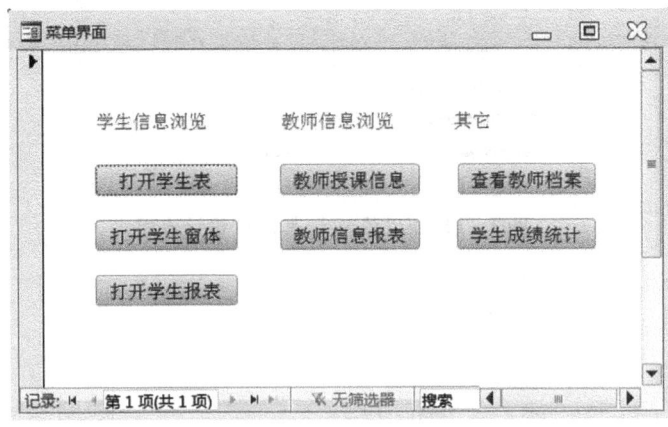

图7-14 菜单界面

7.3.2 任务2：设计验证密码窗体

在"教学管理"数据库中创建一个宏"验证密码"，用在打开菜单界面窗体之前对密码进行验证。

操作步骤如下：

（1）打开"教学管理"数据库，选择"创建"选项卡中的"窗体"组，单击"窗体设计"按钮，打开窗体设计窗口。

（2）在新建窗体中，创建一个文本框（默认名为"Text0"）。将文本框自动关联的标签控件标题修改为："请输入密码："。

（3）在新建窗体中创建一个命令按钮（默认名为"Command2"）。

(4)将窗体保存为"登录",如图7-15所示。

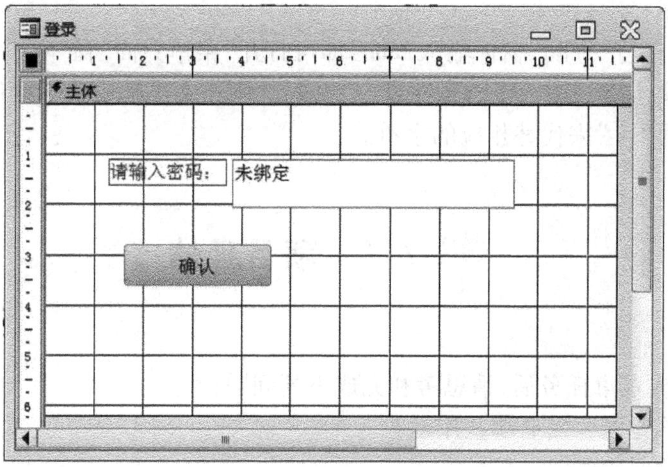

图7-15 "登录"窗体设计界面

(5)选择"创建"选项卡中的"宏与代码"组,单击"宏"按钮,打开"宏设计"窗口。

(6)在"操作目录"窗格中执行程序流程中的子宏命令"If",在条件表达式文本框中输入"[Forms]![登录]![Text0] = "abc""。执行宏命令"OpenForm",将窗体名称参数设为表"菜单界面",并添加"Else"语句,执行宏命令"MessageBox",将消息参数设为"密码登陆错误!",如图7-16所示。

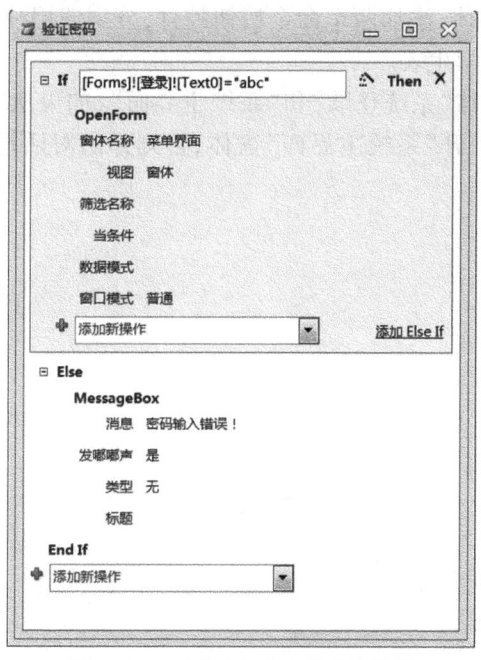

图7-16 宏"验证密码"设计界面

(7)将"登陆"窗体中命令按钮控件"Command2"的单击事件设定为运行宏"验证密码"。

此时,运行"登陆"窗体输入"abc"即可打开"菜单界面"窗体。

若将文本框的输入掩码属性设为"密码",则在文本框中输入密码的时候仅仅显示符号"＊"来代替相应的字符。

7.4 项目延伸

1. 完成本章任务后,请思考和完成下列问题:
①什么是宏？宏有哪些用途？
②什么是宏组？
③宏与宏组有什么区别？
④独立的宏与嵌入的宏有什么区别？
⑤运行宏有哪些方法？

2. 请自行完成下列上机任务:
①创建一个宏,要求在打开数据库时弹出消息框,提示:"欢迎进入 Access 世界!"。(提示:将该宏命名为"AutoExec")
②设计一个窗体,添加两个命令按钮控件,分别使用独立宏和嵌入宏使单击命令按钮时打开学生表。
③创建两个窗体"系统登录"和"系统主界面",如果从"系统登录"窗体输入正确的密码,则打开"系统主界面"窗体,否则弹出对话框,提示:"密码输入错误!"。

8

子任务：创建VBA程序

8.1 项目任务描述

本章任务:掌握基本的 VBA 编程技术,通过编写程序联结和控制 Access 数据库其他对象,协调数据库运行流程。

 8.2 项目预备知识

8.2.1 VBA 的概念

宏的功能很强大,而且易于掌握,但如果要对数据库对象进行更复杂、更灵活的控制,就需要编程来实现。模块对象可以解决此类问题,它是一种重要的 Access 数据库对象,以 VBA(Visual Basic for Application)语言为基础编写,是功能更强大的程序代码集合。利用模块可以将数据库中的各种对象联结起来,从而使其构成一个完整的系统。

VBA 是一种应用程序开发工具,是基于 VB(Visual Basic)发展而来的。微软将 VB 引入 Office 软件中,用于开发应用程序,这种集成在 Office 中的 VB 被称为 VBA。使用 VBA 编写的程序保存在 Access 数据库文件中,无法脱离 Access 应用程序环境独立运行。

8.2.2 VBA 的编程环境

VBA 编程环境又称为 VBE(Visual Basic Editor),在 VBE 中可以编写 VBA 函数、过程和 VBA 模块。VBE 的打开方法同标准模块的创建方法,也可以使用 Alt + F11 快捷方式打开编辑环境。

VBE 窗口通常由一些常用工具和多个窗口组成,如图 8 - 1 所示。

VBE 编辑器主要由代码窗口、立即窗口、监视窗口、本地窗口、属性窗口、对象浏览器以及工程资源管理器等组成。

8.2.2.1 代码窗口
用来编写、显示和修改 VBA 代码。

8.2.2.2 工程资源管理器窗口
列出了所有的模块以及类对象。

8 子任务:创建 VBA 程序

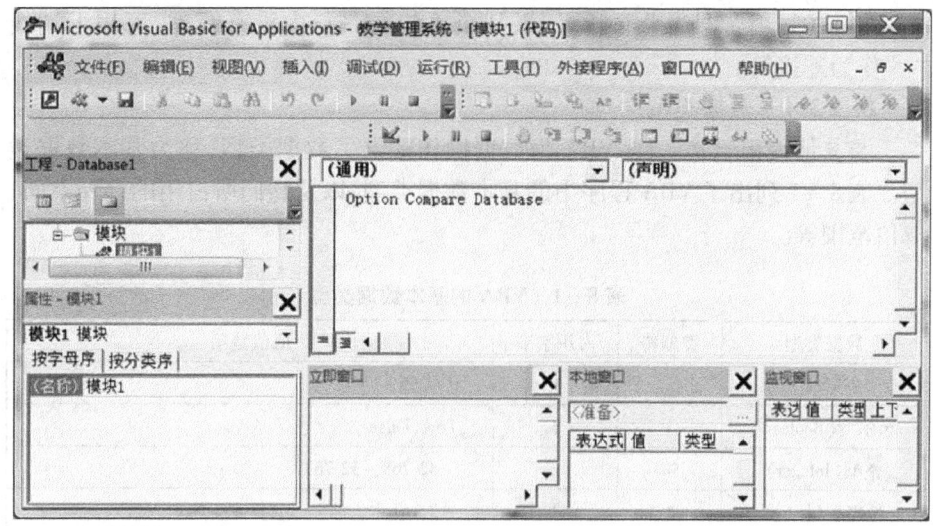

图 8-1 VBE 窗口

8.2.2.3 属性窗口
属性窗口列出了所选对象的各个属性。

8.2.2.4 立即窗口
当单步执行程序时,使用该窗口可以直接输入语句或命令,并查看执行结果。

8.2.2.5 监视窗口
用于显示当前工程中定义的监视表达式的值。

8.2.2.6 本地窗口
用于显示所有当前执行过程中的变量声明和变量值。

8.2.2.7 对象浏览器
用于显示对象模型中以及工程过程中的可用类、属性、方法、事件及常数变量。

8.2.3 VBA 的基本语法

任何程序语言编写的代码都是由语句组成的,而语句又是由数据、表达式、函数等基本语法单位构成的。下面介绍 VBA 的标准数据类型、常量、变量、运算符、表达式等内容。

VBA 语句由保留字及语句体组成,而语句体由命令短语和表达式组成。

保留字和命令短语中的关键字是系统规定的专用符号,通常由英文单词或其缩写表示,必须严格按照系统要求来写。

通常每条语句占一行,一行最多允许有 255 个字符;如果一行书写多个语句,语句之间用冒号":"隔开;如果某个语句在一行内没有写完,可用下划线"_"作为连接符。

8.2.3.1 数据类型

与其他编程语言一样,VBA 为数据操作提供了数据类型,称为基本数据类型。表 8 - 1 列出了 VBA 程序中的基本数据类型,以及它们所占用的存储空间、取值范围等。

表 8 - 1 VBA 的基本数据类型

数据类型	类型符	占用字节	取值范围
字节型(Byte)	无	1	0 - 255
布尔型(Boolean)	无	2	True,False
整型(Integer)	%	2	- 32 768 - 32 767
长整型(Long)	&	4	- 2 147 483 648 - 2 147 483 647
单精度(Single)	!	4	负数: - 3.402 823E38 ~ - 1.401 298E - 45 正数:1.401 298E - 45 ~ 3.402 823E38
双精度(Double)	#	8	负数: - 1.797 693 13E38 ~ - 4.940 656 48E - 324 正数: - 4.940 656 48E - 324 ~ - 1.797 693 13E38
货币型(Currency)	@	8	- 922 337 203 685 477.580 8 ~ 922 337 203 685 477.5807
日期/时间型(Date)	无	8	100 年 1 月 1 日 ~ 9999 年 12 月 31 日
对象型(Object)	无	4	任何对象引用
字符串(String)	$	不定	0 ~ 65 400 个字符
变体型(Variant)	无	不定	由最终的数值类型决定

8.2.3.2 常量

常量是指在程序中可以直接引用的量,其值在程序运行期间保持不变。常量有 3 种表示形式:文字常量、符号常量和系统常量。

文字常量也称直接常量,实际就是常数,直接出现在代码中。例如,#2014 - 5 - 1#是日期型常量,5 000 是数值型常量。

符号常量是用标识符来表示常量的名称,使用关键字 Const 来声明。例如,Const PI = 3.14159。符号常量一般要求大写,以便与变量区分。

系统常量是 VB 系统预先定义的常量,用户可以直接引用。例如,vbBlack 是 color 常数,表示黑色;True 是逻辑型常量,表示真;vbOKOnly 是 MsgBox 常数。

8.2.3.3 变量

变量是在程序运行期间其值可以改变的量,是内存单元中用于存储数值的临时存储单元,可以存放各种类型的数据。

每个变量都有名字,需要通过变量名来引用变量。一般来说,变量的命名要有一定的意义,必须以字母开头,不能含有空格、运算符以及@、$等特殊字符,也不能使用系统保留字作为变量名。

一般来说,在程序中使用变量时需要先声明。声明变量可以起到两个作用:一是指定变量的名称和数据类型,二是指定变量的取值范围。

在变量使用之前进行声明,称为显式声明;也可以不声明直接使用变量,系统将默认该变量是变体数据类型,这种声明方式称为隐式声明。

也可以在程序开始处直接输入语句"Option Explicit"进行强制声明。

变量声明语句的语法格式为:

Dim 变量名 [As 类型名|类型符] [,变量名 [As 类型名|类型符]]

该语句的功能是:定义指定的变量并为其分配内存空间。"As 类型名"用于指定变量的类型。如省略,则默认变量为 Variant 类型。

例如:

Dim x As Single'声明了一个单精度型变量 x。

Dim name $, address $ '声明了两个字符串变量 name,address,$ 是字符型数据的类型符。

Dim m As Currency'声明了一个货币型变量 m。

变量都有一定的作用范围,即作用域。按照变量作用域的不同,可以将变量分为局部变量、模块级变量和全局变量。

在过程内部声明的变量称为局部变量,仅在过程范围内有效。

在模块的起始位置、所有过程之外声明的变量,称为模块级变量,在该模块中有效。

在标准模块起始位置、所有过程之外,用 Public 关键字声明的变量称为全局变量,在所有类模块和标准模块的所有过程中都是可见的。

8.2.3.4 表达式

表达式是指用运算符将常量、变量和函数连接起来的式子。表达式的构成必须符合 VBA 的语法规则。

8.2.3.5 运算符

VBA 提供许多运算符来完成各种计算和处理。根据运算的不同,可以分为算术运算符、连接运算符、关系运算符和逻辑运算符。

算术运算符用于数值的算术运算,共有 7 个,如表 8-2 所示。

连接运算符用于连接两个字符串,有"&"和"+"两种运算符。使用"&"运算符,会将数值型数据先转换成字符串类型后再进行连接。使用"+",当字符串类型数据是数字字符串时,则直接进行加法运算。

表 8-2　算术运算符

算术运算符	意义
+	正、加
-	负、减
*	乘
/	除
\	整除
^	乘方
Mod	取模（求余数）

关系运算符也称为比较运算符，其结果为布尔型数据"True"或者"False"。关系运算符有 6 个，分别是"<""<="">"">=""<>""="。

逻辑运算符也称为布尔运算符，运行结果为布尔型数据"True"或者"False"。按照优先级，逻辑运算符依次为"Not""And""Or"。

8.2.3.6　内部函数

内部函数也称标准函数，是 VBA 为用户提供的标准过程。使用这些函数，可以使某些特定的操作更加简便。

根据标准函数的功能，可以将标准函数分为数学函数、字符串函数、转换函数、日期函数、测值函数、颜色函数等。

数学函数用于数学计算，表 8-3 列出了常用的数学函数。

表 8-3　数学函数

函数格式	数学含义	函数格式	数学含义
$Sin(x)$	返回 x 的正弦值	$Cos(x)$	返回 x 的余弦值
$Tan(x)$	返回 x 的正切值	$Atn(x)$	返回 x 的反正切值
$Exp(x)$	以 e 为底的指数函数	$Abs(x)$	返回 x 的绝对值
$Log(x)$	以 e 为底的自然对数	$Sqr(x)$	返回 x 的平方根
$Cint(x)$	求 x 的四舍五入取整值	$Int(x)$	返回不大于 x 的最大整数
$Fix(x)$	返回 x 的整数部分	$Sgn(x)$	返回 x 的符号

说明：表中的自变量 x 可以为常量、变量和数值表达式，但必须写在圆括号中。

字符串函数是指自变量或函数值为字符串的函数。表 8-4 列出了常用的字符串函数。

表8-4 字符串函数

函数	返回值
Asc(s)	返回字符串首字符的 ASCII 码值
Chr(s)	返回参数值对应的 ASCII 码字符
Val(s)	返回字符串内的数值
Str(n)	将数值型转换成字符型
Hex(n)	返回十六进制数
Oct(n)	返回八进制数
Lcase(s)	将大写字母转换为小写
Ucase(s)	将小写字母转换为大写
Mid(s,n1,n2)	s 中从第 n1 个字符开始的 n2 个字符
Left(s,n)	截取字符串 s 左边的 n 个字符
Right(s,s)	截取字符串 s 右边的 n 个字符
Instr(n1,s1,s2)	返回 s2 在 s1 中首次出现的位置(从 n1 开始)
Space(n)	产生 n 个空格的字符串
String(n,s)	返回由 s 中首字母组成的包涵 n 个字符的字符串
Strcomp(s1,s2,n)	返回字符串 s1 与 s2 比较结果的值
Len(s)	返回字符串的长度
Rtrim(s)	去掉字符串右边的空格
Ltrim(s)	去掉字符串左边的空格

说明:表中的 n 和 s 分别表示数值表达式和字符表达式,函数名和参数后可带后缀"$",表明函数值为字符串。

日期函数对日期型数据进行运算,表8-5列出了常用的日期函数。

表8-5 日期函数

函数	返回值	函数	返回值
Now	系统当前的日期和时间	Month(日期)	日期中的"月"
Date	系统当前的日期	Year(日期)	日期中的"年"
Time	系统当前的时间	Hour(日期)	日期中的"小时"
Timer	从午夜到现在的秒数	Minute(日期)	日期中的"分钟"
Day(日期)	日期中的"日"	Second(日期)	日期中的"秒"

8.2.4 顺序结构

VBA 与其他程序设计语言一样,也具有结构化程序设计的 3 种结构:顺序结构、选择结构和循环结构。

在顺序结构中,通常使用赋值语句、输入语句、输出语句、注释语句等。

8.2.4.1 赋值语句

变量声明以后,需要为变量赋值,为变量赋值应使用赋值语句。

赋值语句的语法格式为:

$$变量名 = 表达式$$

该语句的功能是,首先计算表达式的值,然后将该值赋给赋值号"="左边的变量。

已经赋值的变量可以在程序中使用,也可以改变变量的值。

8.2.4.2 输入语句

可以利用 InputBox 函数进行数据的输入。

8.2.4.3 输出语句

可以利用 MsgBox 语句进行信息输出,它没有返回值,通常使用该语句显示一条提示信息。

8.2.4.4 注释语句

注释语句用于对程序或语句的功能给出解释和说明。

注释语句的语法格式为:

格式1:

Rem 注释内容

格式2:

'注释内容

【例 8 - 1】在"教学管理"数据库中创建一个模块,在其中创建一个 welcome 过程,可以根据输入的人名弹出消息框表示欢迎。

操作步骤如下:

(1)打开"教学管理"数据库,选择"创建"选项卡中的"宏与代码"组,单击"模块"按钮,打开 VBE 窗口。

(2)在模块1的代码窗口中,输入如图 8 - 2 所示的代码。

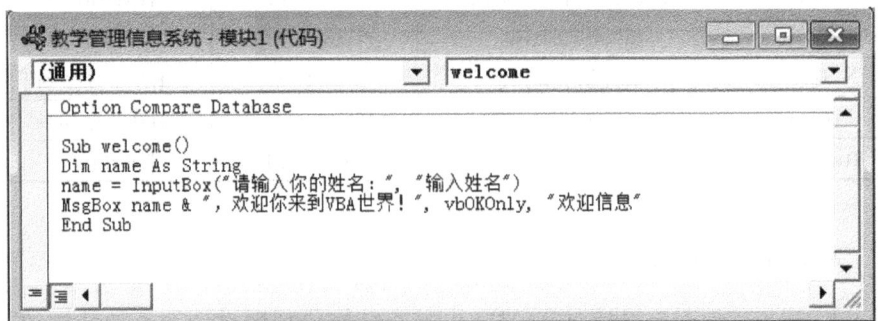

图 8 - 2　welcome 过程

(3)单击"运行"按钮,或者按 F5 功能键,查看运行效果。

8.2.5 选择结构

选择结构也称为分支结构,对给定的条件进行分析、比较和判断,并根据判断结果决定程序的走向。选择结构语句有 If 条件语句和 Select Case 语句两种。

8.2.5.1 If 条件语句

(1)单分支 If 语句。单分支 If 语句的格式如下:

格式1:

If <表达式> Then <语句>

格式2:

If <表达式> Then

  <语句序列>

End If

功能:先计算表达式的值,当表达式的值为真(True)时,执行<语句序列>中的语句,然后执行 if 语句的下一条语句,如果表达式的值为假(False),直接执行 if 语句的下一条语句。

【例 8-2】北京市内快递的收费标准是 3 公斤内收费 10 元,超出部分 5 元/公斤。编写程序根据货物的重量计算快递费用。

分析:根据题意,计算规则为:如果重量不大于 3 公斤,费用为 10 元;如果重量大于 3 公斤,费用为 10 + (重量 -3) * 5 元。

操作步骤如下:

①打开数据库"教学管理",打开 VBE 窗口。

②在模块 1 的代码窗口中输入下面的代码。

  Sub mailfee( )

  Dim w,fee As Single

  w = InputBox("请输入货物重量(公斤)","输入重量")

  If w < = 3 Then fee = 10

  If w > 3 Then fee = 10 + (w - 3) * 5

  MsgBox "需要支付的邮费是:"& fee &"元",vbOKOnly,"计算结果"

  End Sub

③单击"运行"按钮,或者按 F5 功能键,查看运行效果。

(2)双分支 If 语句。双分支 If 语句的格式如下:

格式1:

If <表达式> Then <语句1> Else <语句2>

格式 2：
If ＜表达式＞ Then
　　＜语句序列 1＞
Else
　　＜语句序列 2＞
End If

功能：先计算＜表达式＞中表达式的值，当表达式的值为真（True）时，执行＜语句序列 1＞中的语句，然后执行 If 语句的下一条语句；当表达式的值为假（False）时，执行＜语句序列 2＞中的语句，然后执行 If 语句的下一条语句。

【例 8-3】使用双分支语句重新计算【例 8-2】中的邮费。

将代码修改如下：

```
Sub mailfee2()
    Dim w,fee As Single
    w = InputBox("请输入货物重量（公斤）","输入重量")
    If w <= 3 Then
        fee = 10
    Else
        fee = 10 + (w - 3) * 5
    End If
    MsgBox "需要支付的邮费是:" & fee & "元",vbOKOnly,"计算结果"
End Sub
```

（3）If 嵌套条件语句。If 嵌套条件语句的格式如下：

格式：
If ＜表达式 1＞ Then
　　＜语句序列 1＞
ElseIf ＜表达式 2＞ Then
　　＜语句序列 2＞
　　……
ElseIf ＜表达式 n＞ Then
　　＜语句序列 n＞
Else
　　＜语句序列 n+1＞
End If

功能：判断条件，执行第一个满足条件的语句序列。当多个条件为 True 时，只能执行第一个条件为 True 的语句块。

【例 8 - 4】输入一个学生的成绩 score(百分制),当 score = 100 时,输出"满分";当 90 < = score < 100 时,输出"优秀";当 80 < = score < 90 时,输出"良好";当 70 < = score < 80 时,输出"一般";当 60 < = score < 70 时,输出"及格";当 score < 60 时,输出"不及格"。

操作步骤如下:

①打开"教学管理"数据库,打开 VBE 窗口。

②在模块 1 的代码窗口中,输入下面的代码:

```
Sub grade( )
Dim score As Integer
score = InputBox("请输入成绩(0 至 100 分)","输入成绩")
If score = 100 Then
    MsgBox "满分"
ElseIf score > = 90 Then
    MsgBox "优秀"
ElseIf score > = 80 Then
    MsgBox "良好"
ElseIf score > = 70 Then
    MsgBox "一般"
ElseIf score > = 60 Then
    MsgBox "及格"
Else
    MsgBox "不及格"
End If
End Sub
```

单击"运行"按钮,或者按 F5 功能键,查看运行效果。

8.2.5.2　Select Case 语句

对多种选择来说,可以通过 If 语句嵌套实现,但如果嵌套的层次多了,则容易引起混乱,因此,使用多分支控制结构将更清晰、有效地解决此类问题。多分支控制结构语句又称情况语句。

Select Case <表达式>

　　Case <表达式值列表 1 >

<语句序列 1 >

　　Case <表达式值列表 2 >

<语句序列 2 >

......
  Case ＜表达式值列表 n＞
＜语句序列 n＞
  Case Else
＜语句序列 n + 1＞
End Select

功能：执行该语句时，计算＜表达式＞的值，然后进行判断，如果表达式的值与第 $i(i=1,2,\cdots,n)$ 个表达式值列表的值相匹配，则执行语句序列 i 中的语句，如果＜表达式＞的值与所有的＜表达式列表＞中的值都不匹配时，则执行语句序列 $n+1$。

【例 8 - 5】使用 Select Case 重新编程实现【例 8 - 4】的功能。

将代码修改如下：

```
Sub grade2( )
Dim score As Integer
Dim s As Integer
score = InputBox("请输入成绩(0 至 100 分)","输入成绩")
s = Int(score / 10)
Select Case s
    Case 10
        MsgBox "满分"
    Case 9
        MsgBox "优秀"
    Case 8
        MsgBox "良好"
    Case 7
        MsgBox "一般"
    Case 6
        MsgBox "及格"
    Case Else
        MsgBox "不及格"
End Select
End Sub
```

8.2.6　循环结构

循环结构能够使某些语句或程序段重复执行若干次。每一个循环都由循环的初始状态、循环体、循环计数器和条件表达式4个部分组成。实现循环结构的语句有3种:For…Next语句、While…Wend语句和Do…Loop语句。

8.2.6.1 For…Next 语句

如果能够确定循环执行的次数,可以使用For…Next语句。For…Next语句通过循环变量来控制循环的执行,每执行一次,循环变量会自动增加(减少)。

For…Next语句的语句格式为:

For <循环变量> = <初值> to <终值>［Step <步长>］

<循环体>

　　［Exit For］

Next <循环变量>

功能:用循环计数器<循环变量>来控制<循环体>内的语句的执行次数。先将<初值>赋给<循环变量>,然后判断<循环变量>是否超过<终值>,若超过,则结束循环,执行Next后面的语句;否则执行<循环体>内的语句,再将<循环变量>自动增加一个<步长>,再重新判断<循环变量>的值是否超过<终值>。若结果为真,则结束循环,重复上述过程。

说明:

(1) <循环变量>是数值型的变量,通常为整型变量。

(2) <步长>是<循环变量>的增量,通常取大于0或小于0的数。

(3) <循环体>是在For语句和Next语句之间的语句序列,可以是一条或多条语句。

(4) Next后面的循环变量与For语句中的循环变量必须相同,For语句和Next语句必须成对出现。

(5) Exit For:当执行到该语句时,退出循环,执行Next下面的语句。

语句执行过程:

(6) 将初值赋给循环变量,并自动记下终值和步长。

(7) 判断循环变量的值是否超过终值。如果没有超过,执行一次循环体;如果超过,就结束循环,执行Next后面的语句。这里所说的"超过"有两种含义,即大于或小于。当步长为正值时,循环变量大于终值为"超过";当步长为负值时,循环变量小于终值为"超过"。

(8) 执行Next语句,将循环变量增加一个步长值,转到(2)继续循环。

【例8-6】编写程序求$1+3+5+\cdots+99$的值。

操作步骤如下:

(1) 打开"教学管理"数据库,打开VBE窗口。

(2) 在模块1的代码窗口中输入下面的代码:

```
Sub Sum( )
Dim Sum As Integer, i As Integer
Sum = 0     '保存累加和,先清零
For i = 1 To 99 Step 2
Sum = Sum + i
Next i
MsgBox "1 + 3 + 5 + … + 99 = " & Sum
End Sub
```

(3)单击"运行"按钮,或者按 F5 功能键,查看运行效果。

8.2.6.2 While…Wend 语句

While…Wend 语句的格式如下:

  While <条件表达式>

    <循环体>

  Wend

功能:计算 <条件表达式> 的值并进行判断,如果为假,则退出循环,执行 Wend 下面的语句;如果为真,则执行 <循环体> 的语句,然后再判断条件表达式的值,重复该过程。

说明:

(1)While 循环语句本身不能修改循环条件,所以必须在 While…Wend 语句的循环体内设置相应语句,使整个循环趋于结束,以避免死循环。

(2)While 循环语句先对条件进行判断,然后才决定是否执行循环体。如果开始条件就不成立,则循环体一次也不执行。

语句执行过程:

(3)判断条件是否成立,如果条件成立,就执行循环体;否则转到(3)执行。

(4)执行 Wend 语句,转到(1)执行。

(5)执行 Wend 语句下面的语句。

【例 8 - 7】编写程序求 1 + 2 + 3 + … + 100 的值。

操作步骤如下:

(1)打开"教学管理"数据库,打开 VBE 窗口。

(2)在模块 1 的代码窗口中输入下面的代码:

```
Sub Sum2( )
Dim Sum As Integer, i As Integer
Sum = 0     '保存累加和,先清零
i = 1
While i < = 100
```

```
        Sum = Sum + i
        i = i + 1
Wend
MsgBox "1 + 2 + 3 + … + 100 = " & Sum
End Sub
```

(3)单击"运行"按钮,或者按 F5 功能键,查看运行效果。

8.2.6.3 Do…Loop 语句

Do…Loop 也是实现循环结构的语句。有两种形式:Do While…Loop 和 Do…Loop While。

Do While…Loop 的语句格式:

```
Do While <条件表达式>
    <循环体>
Loop
```

功能:计算<条件表达式>的值并进行判断,如果为假,则退出循环,执行 Loop 下面的语句;如果为真,则执行<循环体>的语句,然后再判断条件表达式的值,重复该过程。

Do…Loop While 的语句格式:

```
Do
    <循环体>
Loop While <条件表达式>
```

功能:首先执行<语句序列>的语句,然后计算<条件表达式>的值并进行判断,如果<条件表达式>为假,则退出循环,执行 Loop 下面的语句;如果为真,则执行<循环体>的语句,重复该过程。

【例 8-8】编写一个程序,使用两种 Do…Loop 形式计算由键盘输入的任意个学生成绩的平均值。

操作步骤如下:

(1)打开"教学管理"数据库,打开 VBE 窗口。

(2)在模块 1 的代码窗口中输入下面的代码:

```
Sub avg1( )
Dim Data As Integer, Sum As Integer, n As Integer
Dim Average As Single
Sum = 0
n = 0
Data = InputBox("输入第" & n + 1 & "个同学的成绩","求平均分")
Do While Data < > -1    '-1 表示结束输入
```

```
            Sum = Sum + Data
            n = n + 1
            Data = InputBox("输入第" & n + 1 &"个同学的成绩","求平均分")
        Loop
        Average = Sum / n
        MsgBox n &"位同学的平均分为"& Average,vbOKOnly,"求平均分"
        End Sub
```
（3）在模块1的代码窗口中输入下面的代码：
```
        Sub avg2()
        Dim Data As Integer,Sum As Integer,n As Integer
        Dim Average As Single
        Sum = 0
        n = 0
        Data = InputBox("输入第"& n + 1 &"个同学的成绩","求平均分")
        Do Until Data = -1    '-1表示结束输入
            Sum = Sum + Data
            n = n + 1
            Data = InputBox("输入第"& n + 1 &"个同学的成绩","求平均分")
        Loop
        Average = Sum / n
        MsgBox n &"位同学的平均分为"& Average,vbOKOnly,"求平均分"
        End Sub
```
请读者比较两种代码的不同。

8.2.7 模块的概念

模块是VBA代码的容器，使用模块可以建立自定义函数或者过程，引用数据库中的对象。模块主要由VBA声明语句和一个或多个过程组成。

声明部分主要包括Option声明、变量、常量或者自定义数据类型的声明。

8.2.7.1　Option Explicit 语句

强制显式声明模块中的所有变量，即要求变量在使用之前必须先进行声明。如果没有使用Option Explicit语句，变量未经定义就可以使用。

8.2.7.2　Option Base1 语句

声明模块中数组下标的默认下界为1，不声明则为0。

8.2.7.3　Option Compare Database 语句

声明模块中需要字符串比较时,将根据数据库区域 ID 确定的排序级别进行比较;不声明则按字符 ASCII 码进行比较。

8.2.8　模块的分类

在 Access 2010 中,模块分为两种类型:类模块和标准模块(简称模块)。

8.2.8.1　类模块

类模块是与类对象相关联的模块,在为窗体等类对象或者控件创建第一个事件过程的时候,Access 2010 将自动创建与之关联的类模块。同嵌入宏一样,类模块不会出现在导航窗格的模块对象中。

用户也可以自己定义一个独立的类模块,包括成员变量和方法的定义,然后在过程中通过定义的类来创建对象。独立的类模块是可以在导航窗格中看到的,这涉及面向对象编程思想,在此不做过多阐述。

8.2.8.2　标准模块

标准模块是存放通用过程的模块,主要包含公用函数过程和子过程,这些公用过程不与任何对象关联,可以被任何数据库对象使用。标准模块中的公共变量或公共过程具有全局性,其作用范围在整个应用程序的生命周期内。

8.2.9　模块的创建

8.2.9.1　窗体模块和报表模块的创建

只要为窗体或者报表创建了第一个事件过程,就创建了对应的代码模块。在窗体或者控件的属性表中,单击事件选项卡中某个事件后面的生成器按钮,选择"代码生成器",即可打开 VBA 编辑器,此时系统自动创建一个类模块。

8.2.9.2　标准模块的创建

标准模块的创建有 3 种方法:

(1)在数据库窗口"创建"选项卡上的"宏与代码"组中单击"模块"按钮。

(2)在数据库窗口"创建"选项卡上的"宏与代码"组中单击"Visual Basic"按钮,打开 VBA 编辑器,在"插入"菜单中选择"模块"。

(3)在 VBA 编辑器中的"工程管理器"任意区域,从右键快捷菜单中插入模块。

8.2.10　过程

过程是模块的主要组成部分,也是 VBA 编写程序的最小单元,用于完成一个相对独立的操作。过程可以分为事件过程和通用过程。

事件过程就是事件的处理程序,用于完成窗体等对象事件的任务,如按钮的单击事件等,它是为了响应用户或系统引发的事件而运行的过程。

通用过程是用户自行编写的程序代码,可以独立运行或者由别的过程调用。

事件过程与通用过程的区别是前者的名字是由系统自动生成,并且依附于窗体等对象而存在,而后者是由用户按照自己的习惯命名并且是独立存在的。

过程是由 VBA 代码组成的单元。它包含一系列执行操作或计算值的语句和方法。过程分两种类型:Sub 子过程和 Function 函数过程。

8.2.10.1 Sub 子过程

Sub 子过程执行一项操作或一系列操作,是执行特定功能的语句块。Sub 子过程可以被置于标准模块或类模块中。所有的 Sub 过程都要事先定义,然后被其他的模块调用。Sub 子过程定义的格式如下:

[Public|Private][Static] Sub 子过程名(<形参表>)
  [子过程语句]
  [Exit Sub]
  [子过程语句]
End Sub

Sub 子过程由 Sub 语句开头,以 End Sub 结束。Public 和 Private 关键字用于说明子过程的访问属性。Static 表示子过程为静态子过程。Sub 子过程不需要返回值。

调用子过程的语句格式如下:
  Call 子过程(实参表)

或
  子过程(实参表)

8.2.10.2 Function 函数过程

Function 函数定义的格式如下:

[Public|Private][Static] Function 函数过程名(<形参表>)[As 数据类型]
  [函数过程语句]
  [Exit Function]
  [函数过程语句]
  函数名 = 表达式
End Function

Function 函数过程与 Sub 子过程的区别是它可以有返回值。

8.2.11 常用的 Access 对象

Access 对象是由 Access 2010 定义的,可用于对输入和显示数据相关的界面元素进行编程。通过这些对象可以操纵窗体、报表及其包含的控件,从而实现格式化和显示数据、向数据库中添加数据等功能。每个 Access 对象都包含一组属性、方法和事件,可以使用"帮助"来获取其信息。

常用的 Access 对象有以下几个。

8.2.11.1 Application 对象

Access 对象具有层次结构,其中位于最高层次的就是 Application 对象,因为它代表 Access 应用程序。通过 Application 对象可将方法或属性设置应用于整个 Access 应用程序。在 VBA 中使用 Application 对象时应首先确认 VBA 对 Microsoft Access 14.0 对象库的引用,然后创建 Application 类的实例,并为其指定对象变量,例如:

Dim accApplication As New Access.Application

创建了 Application 对象之后,再通过一个例子来看怎样使用该对象。

【例 8-9】使用 Application 对象打开"教学管理"数据库,再打开其中的"学生年龄信息"窗体。

代码如下:

Dim appAccess As Access.Application

Sub DisplayForm( )

Dim strDB As String

Const strConPathToSamples = "D:\AccessDB\"

strDB = strConPathToSamples &"教学管理.accdb"

Set appAccess = CreateObject("Access.Application")

appAccess.OpenCurrentDatabase strDB

appAccess.DoCmd.OpenForm "学生年龄信息"

End Sub

8.2.11.2 DoCmd 对象

调用 DoCmd 对象的方法可以实现打开和关闭窗体、设置控件值等功能。在【例 8-9】中已经使用 DoCmd 对象的 OpenForm 方法打开了一个窗体。需要注意的是,DoCmd 对象的大部分方法是有参数的,如果省略,则按默认值。

8.2.11.3 Form 对象和 Control 对象

Form 对象是 Forms 集合的成员。Forms 集合是当前所有打开窗体的集合,在第 5 章任务 7 中曾使用过该集合。Forms 集合中的窗体从 0 开始索引,可以通过名称或集合中的索引引用窗体,格式为 Forms ! FormName 和 Forms ! OrderForm。

每个 Form 对象都有一个 Controls 集合,该集合包含窗体上的所有控件。当需要引用窗体上的控件时,可通过引用 Controls 集合实现。例如,Forms! OrderForm. Controls! Command0 意为引用 OrderForm 窗体上名为 Command0 的控件。

8.2.12 ADO

ActiveX 数据对象(ActiveX Data Objects,ADO)是微软提出的应用程序接口,用于实现访问关系或非关系数据库中的数据。ADO 的完整功能在"编程模型"中定义,该模型给出了访问和更新数据源所必需的活动。

ADO 的编程模型是由"对象模型"表达和实现的。ADO 对象库有 8 个对象,分别是 Connection、Command、Recordset、Field、Error、Property、Paremeter、Stream。

使用 ADO 对象模型对数据库编程的基本步骤是:首先,使用 Connection 对象建立与数据源的连接;然后,使用 Command 对象执行对数据源的操作命令(通常为 SQL 语句);接着,使用 RecordSet、Field 等对数据执行查询或更新命令,并对返回的结果进行处理,如使用控件向用户显示等,最后关闭连接。

【例 8 - 10】使用 ADO 打开"教学管理"数据库,并查询"人事档案表"中"职称"字段值为"副教授"的记录。

(1)打开"教学管理"数据库,打开 VBE 窗口。

(2)在"工具" - >"引用"中选择 Microsoft ActiveX Data Objects 6.1,点击"确定"。

(3)在模块 1 的代码窗口中,输入下面的代码:

```
Public Sub AdoSample( )
Dim conn As New ADODB. Connection
Dim cmd As New ADODB. Command
Dim result As New ADODB. Recordset
conn. Open "Provider = Microsoft. ACE. OLEDB. 12.0; Data Source = D:\AccessDB\教学管理. accdb;"    '打开同数据库的连接
Set cmd. ActiveConnection = conn
cmd. CommandText = "Select * from 人事档案"    '创建要执行的命令文本
result. CursorLocation = adUseClient
result. Open cmd, , adOpenStatic, adLockBatchOptimistic    '执行命令,并打开记录的游标
result! 档案编号. Properties( "Optimize" ) = Ture
result. Sort = "档案编号"    '按"教师编号"排序
```

```
result.Filter = "职称 = '副教授'"    '指定数据的过滤器
result.MoveFirst
Do While Not result.EOF    '开始遍历记录集,并将结果在立即窗口中输出
    Debug.Print "档案编号 = ";result!档案编号;"";result!最高学历;"";result!毕业日期;"";result!毕业院校;"";result!职称
    result.MoveNext
Loop
result.Filter = adFilterNone
result.Close
conn.Close
End Sub
```

单击"运行"按钮(运行前需要在"工具/引用"对话框中勾选 Microsoft ActiveX Data Objects 6.1 Library),或者按 F5 功能键,然后在"视图"→"立即窗口"中查看运行效果。

8.2.13 VBA 程序错误调试

VBA 代码输入后,在运行过程中,不可避免地会出现各种错误。这时,就需要借助调试工具快速定位错误。VBE 环境提供了一整套完整的调试工具和方法。

VBA 代码运行时,可能会产生 3 种类型的错误:编译时错误、运行时错误和逻辑错误。

编译时错误是在程序编译时,由于变量未定义、忘了语句配对(如 If 和 End If,或 For 和 Next),或拼写错误等原因产生的不正确代码引起的错误。

运行时错误是发生在应用程序开始运行之后的错误。运行时错误包括企图执行非法运算,例如,被 0 除或向不存在的文件中写入数据。

逻辑错误是编程人员在设计或编写程序时犯下的错误,无法得到预期的运行结果。例如,循环变量的初值和终值设置错误、变量类型不正确、语句代码顺序不正确等。

8.2.13.1 设置断点

通过设置断点,可以挂起代码。挂起的代码仍在运行当中,只是在某个语句位置暂停下来。

将光标定位到准备设置断点的代码行,单击"调试菜单中的切换断点"按钮,或者按 F9 功能键,可以设置或者取消断点。

下面以计算 1 + 3 + 5 + ⋯ + 99 的 sum 过程为例来设置断点调试程序。

在 Sum = Sum + i 所在的代码行设置一个断点,如图 8 − 3 所示:

```
Sub Sum()
Dim Sum As Integer, i As Integer
Sum = 0  '保存累加和,先清零
For i = 1 To 99 Step 2
Sum = Sum + i
Next i
MsgBox "1+3+5+…+99=" & Sum
End Sub
```

图 8-3 设置断点

设置好断点后,按运行按钮或者 F5 功能键,则运行到该过程的断点行时程序会停下来,该代码行以黄色显示。

此时查看本地窗口,可以观察到当前过程中的所有变量和其当前值,如图 8-4 所示。

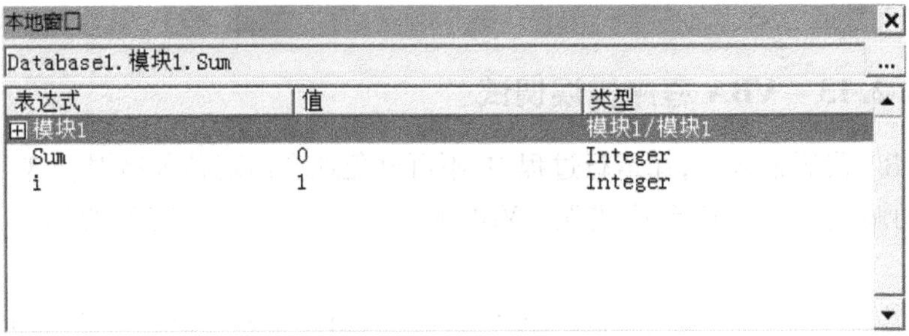

图 8-4 本地窗口

8.2.13.2 单步执行

单步执行用于检查程序每一条语句的执行结果,可以与本地窗口配合,观察每个变量的变化情况。

在程序运行到断点所在的代码行时,执行"调试"菜单中的"逐语句"命令或者按下 F8 功能键,则当前代码被执行(下一条待执行的代码会黄色显示)。此时观察本地窗口,可以看到 Sum 值发生了变化。反复单步执行,能够在本地窗口中观察到 Sum 变量累加的过程。

当代码出现错误时,可以在代码中的适当位置添加 MsgBox 语句,或者使用 debug.print 语句(结果显示在立即窗口中,也可以在立即窗口中输入"debug.print 变量名"来查看变量值),显示代码中变量的值,从而推断错误出处。

8.2.14 VBA 程序错误处理

错误处理,就是当代码运行时,如果发生错误,可以捕获错误,并按照程序设计者事先设计的方法来处理。使用错误处理的好处是:代码的执行不会中断,甚至可以让用户感觉不到错误的存在。

在代码中使用 On Error 语句,当运行错误发生时,将错误拦截下来。

On Error 语句的形式有 3 种:

8.2.14.1　On Error Resume Next

当错误发生时,忽略错误行,继续执行下面的语句,不停止代码的执行。

8.2.14.2　On Error GoTo 语句标号

当错误发生时,直接跳转到语句标号位置所示的错误处理代码,错误处理代码需要事先写好。

8.2.14.3　On Error GoTo 0

禁止当前过程中任何已启动的错误处理程序。

8.3　项目实施

8.3.1　任务1:求1 000以内任意范围的素数

在"教学管理"数据库中创建一个窗体,窗体中包含一个文本框和一个命令按钮。用户首先在文本框中输入一个小于或等于 1 000 的正整数,然后单击命令按钮,将求出所有小于该正整数的素数,并显示在屏幕上。

分析:验证一个正整数是否为素数,只需用 2 到该正整数算术平方根取整 +1 的值依次去除该正整数,如果所有值均不能整除该正整数,则其为素数。

操作步骤如下:

(1)打开"教学管理"数据库,新建一个名为"求解素数"的窗体。

(2)在窗体上添加一个文本框,对应文本框标签值设为"请输入一个1000以内的正整数:"。

(3)在窗体上添加一个命令按钮,关闭弹出的向导,将按钮的标题设为"求解素数"。(如图8-5所示)

(4)选中命令按钮,单击鼠标右键,在弹出的右键菜单中选择"事件生成器",在"选择生成器"对话框中选择"代码生成器",并单击"确定"按钮。

(5)在弹出的 VBE 窗口中可以看到控件窗口中显示"Command0"(即"求解素数"),事件列表框中显示的是"Click"事件(即"单击"事件)。如图 8 - 6 所示,在 click 事件中输入如下代码:

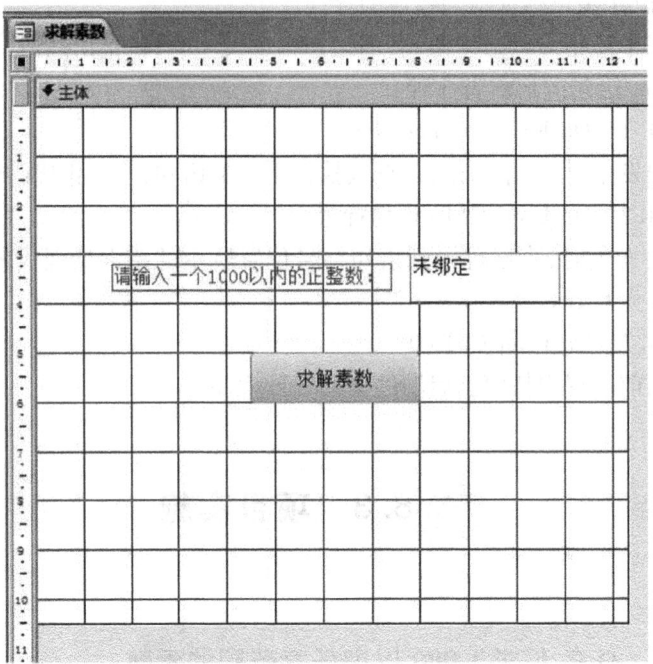

图 8-5 "求解素数"窗体布局

```
Dim i As Long,j As Long
Dim st As String
Text1.SetFocus
st = st + Str(2) '素数2先选出
For i = 3 To Int(Text1.Text)
    For j = 2 To Int(Sqr(i)) + 1
        If i Mod j = 0 Then
            Exit For
        ElseIf j = Int(Sqr(i)) + 1 Then
            st = st + Str(i)
        End If
    Next
Next
MsgBox st
```

(6)关闭 VBE 窗口,运行"求解素数"窗体,查看代码执行效果。

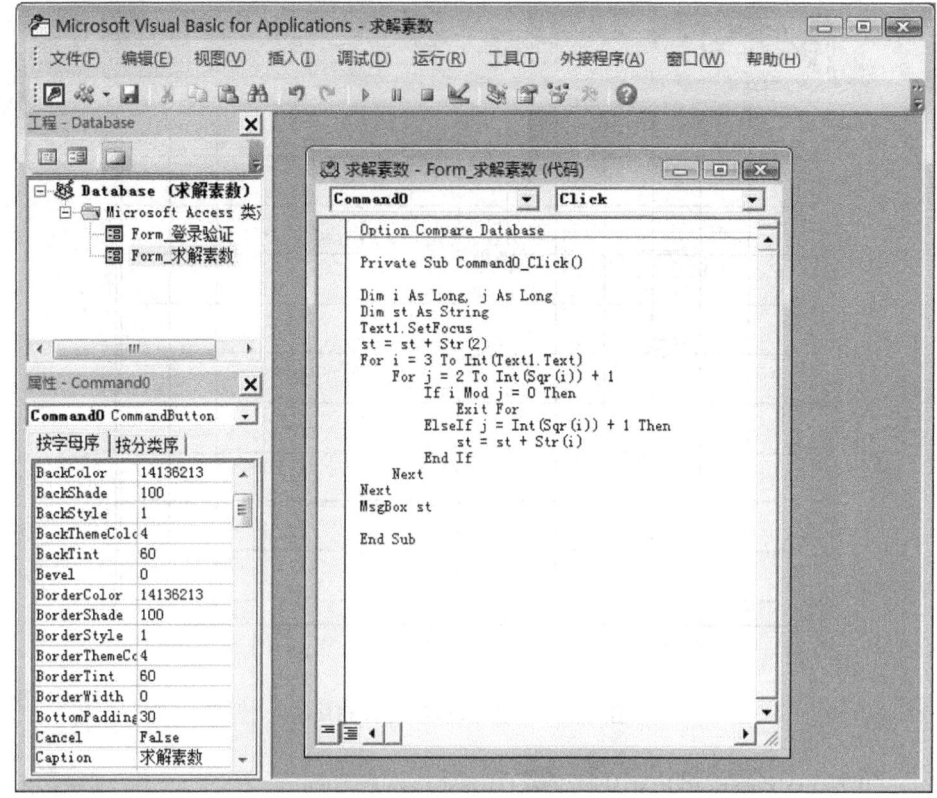

图 8-6 求解素数的 VBA 代码

8.3.2 任务 2：使用 VBA 代码验证用户登录数据库

在"教学管理"数据库中设计一个"登录验证"窗体。要求在"登录验证"窗体中输入用户名和密码，如果用户名或密码为空或错误，则给出相应的错误提示；如果用户名和密码都正确，则关闭"登录验证"窗体，并进入"求解素数"窗体。

操作步骤如下：

(1) 打开"教学管理"数据库，新建一个名为"登录界面"的窗体，如图 8-7 所示。

(2) 将两个文本框的名称分别改为"txtUser"和"txtPassword"，两个命令按钮名称分别改为"commit"和"cancel"，且 txtPassword 文本框的"输入掩码"设置为"密码"。

(3) 为"确定"按钮的"单击"事件添加以下代码：

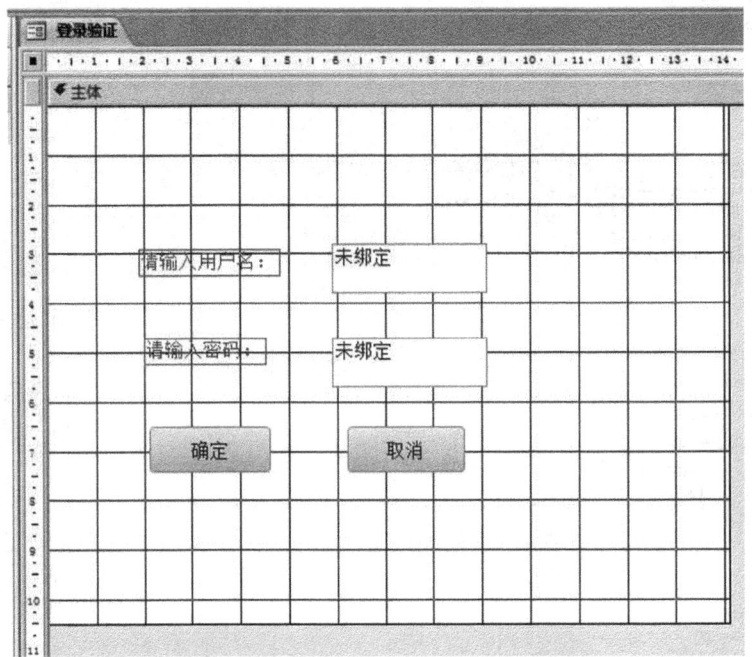

图8-7 "登录验证"窗体布局

If Nz(txtPassword) = 0 Or Nz(txtUser) = 0 Then

    MsgBox "用户名或密码为空,请重新输入!",vbcritical,"错误提示"

Else

    If UCase(txtUser.Value) = "ADMIN" And txtPassword.Value = "1234" Then

    MsgBox "欢迎使用本系统!",vbinformation,"成功"

    DoCmd.Close

    DoCmd.OpenForm "菜单界面"

    Else

    MsgBox "用户名或密码错误!",vbcritical,"错误提示"

    End If

End If

(4)为"取消"按钮的"单击"事件添加以下代码:

DoCmd.Close

(5)关闭VBE窗口,运行"登录验证"窗体,分别输入正确的用户名(admin或ADMIN)及密码(1234),以及错误的用户名或密码,点击"确定"按钮,查看代码执行效果。

8.3.3　任务3：用 sub 过程编程计算斐波那契数列的第 10 项

分析：斐波那契级数是这样定义的：第 1、2 项为 1，从第 3 项开始，每一项的值是前两项值之和。

操作步骤如下：

(1) 打开"教学管理"数据库，打开 VBE 窗口。

(2) 在模块 1 的代码窗口中执行"插入"菜单的"过程"命令，弹出"添加过程"对话框，如图 8-8 所示。

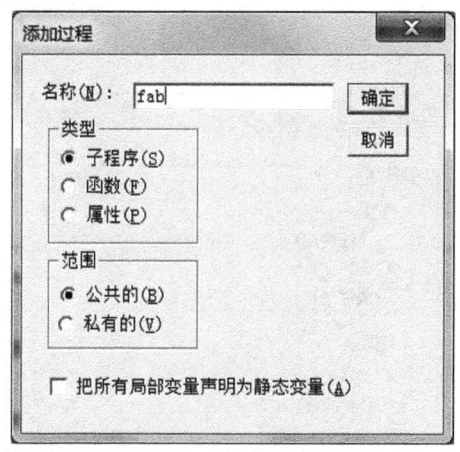

图 8-8　"添加过程"对话框

(3) 创建一个名称为"fab"的过程，系统会自动生成如下代码：
Public Sub fab( )

End Sub
这就是使用菜单添加过程的方法，与手工输入代码的效果是一样的。
在该过程内输入：
Dim A,B,i,T As Integer
A = 1
B = 1　'生成级数第一、二项
For i = 3 To 10
　　T = A + B　'产生级数新的一项
　　A = B　'让 B 成为下一组的 A
　　B = T　'原来 A+B 的值成为下一组的 B

Next i
MsgBox "斐波那契数列的第10项是:" & B
(4)运行该过程,查看运行结果。

8.3.4 任务4:用Function函数过程计算斐波那契数列的任意项

分析:可以先写一个Function函数过程,参数为n,用以计算斐波那契数列的第n项,然后在另外一个过程中调用这个函数。

操作步骤如下:

(1)打开"教学管理"数据库,打开VBE窗口。

(2)在模块1的代码窗口中执行"插入"菜单的"过程"命令,弹出"添加过程"对话框,如图8-9所示。

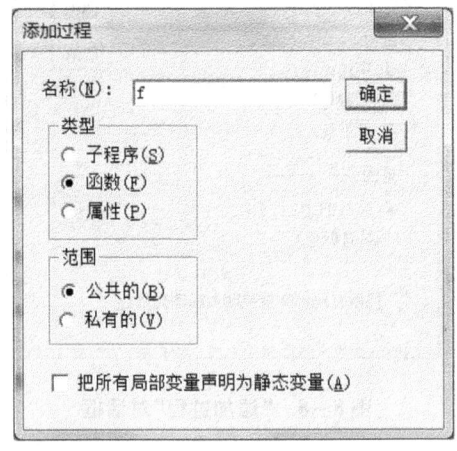

图8-9 "添加过程"对话框

(3)创建一个名称为f的函数,系统会自动生成Function函数过程的框架,增加参数和代码如下:

Public Function f(n As Integer)
Dim A,B,i,T As Integer
A = 1
B = 1 '生成级数第一、二项
For i = 3 To n
　　T = A + B '产生级数新的一项
　　A = B '让B成为下一组的A
　　B = T '原来A+B的值成为下一组的B
Next i

f = B
End Function

注意:这个函数是不能直接执行的,必须新建一个过程 fab1( )来调用它,代码如下:

Public Sub fab1( )
Dim m As Integer
m = InputBox("计算第几项斐波那契数列?")
MsgBox "第"& m &"项斐波那契数列是:"& f(m)
End Sub

在过程 fab1( )中调用了 f 函数,而 m 是从键盘得到的项数,用作 f 函数的参数。

8.4　项目延伸

完成本章任务后,请思考和完成下列问题:

1. 什么是 VBA?
2. VBA 有哪几种程序控制结构?
3. 什么是模块?简述类模块和标准模块的区别?
4. 什么是事件过程?什么是通用过程?
5. 事件过程和通用过程有什么区别?
6. 过程与函数有什么区别?
7. 出租车的计价方式为:起步 3 公里 13 元,每超出 1 公里加收 2 元。编写一个 taxi( )过程,根据用户输入的里程(单位:公里)计算应支付金额。
8. 编写一个 mysum 过程,分别用 For…Next 语句、While…Wend 语句和 Do…Loop 语句计算 $1 + 2 + \cdots + 100$。
9. 编写一个 add 过程,用来计算 $1 + 2 + \cdots + n$,n 是大于 1 的整数,由用户从键盘输入。
10. 编写一个函数 add(n),用来计算 $1 + 2 + \cdots + n$,n 是大于 1 的整数,从另外一个过程 mainadd( )调用这个函数得到计算结果。
11. 创建一个窗体"查看日期",新建一个命令按钮,单击该按钮时会弹出一个消息框,提示当前日期。